U0895485

BORDERLESS ECONOMY

无边界经济

通证时代的商业变革

通证经济实验室◎著

中国财富出版社

图书在版编目（CIP）数据

无边界经济：通证时代的商业变革 / 通证经济实验室著 .—北京：中国财富出版社，2019.11

ISBN 978 - 7 - 5047 - 6947 - 3

Ⅰ．①无…　Ⅱ．①通…　Ⅲ．①贸易经济学—通俗读物　Ⅳ．① F710–49

中国版本图书馆 CIP 数据核字（2019）第 117146 号

策划编辑 谢晓绚　　**责任编辑** 周　畅
责任印制 梁　凡　　**责任校对** 刘瑞彩　　**责任发行** 张红燕

出版发行	中国财富出版社		
社　　址	北京市丰台区南四环西路 188 号 5 区 20 楼	**邮政编码**	100070
电　　话	010 - 52227588 转 2098（发行部）		010 - 52227588 转 321（总编室）
	010 - 52227588转100（读者服务部）		010 - 52227588 转 305（质检部）
网　　址	http://www.cfpress.com.cn		
经　　销	新华书店		
印　　刷	固安县京平诚乾印刷有限公司		
书　　号	ISBN 978 - 7 - 5047 - 6947 - 3/F · 3082		
开　　本	880mm × 1230mm　1/32	**版　　次**	2019 年 11 月第 1 版
印　　张	8	**印　　次**	2019 年 11 月第 1 次印刷
字　　数	154千字	**定　　价**	68. 00 元

通证经济实验室编委会

序言一

以一种新的经济形式应对未来商业挑战

1937 年，25 岁的罗纳德 · 科斯发表了《企业的性质》，在这篇奠定了科斯获得 1991 年诺贝尔经济学奖的论文中，关于企业的边界他做出了这样的论断。

企业的扩大必须达到这一点，即在企业内部组织一笔额外交易的成本等于在公开市场上完成这笔交易所需的成本，或者等于由另一个企业家来组织这笔交易的成本。

科斯这样解释：当企业扩大时，当企业内部交易增加时，企业家不能成功地将生产要素用在它们价值最大的地方，也就是说，不能让生产要素得到最佳使用。

简单理解，企业规模在扩大的时候会导致信息不对称、效率下降、管理收益递减等现象，从而企业做出的失误判断会增多，这便决定了企业不可能无限制地扩大，以致完全替代市场作用。

企业扩张造成的交易多样性限制了企业家的才能，

这使企业扩大时效率趋于下降。倾向于使生产要素结合得更紧和在分布空间领域更小的创新，将导致企业规模的扩大；倾向于降低空间组织成本的电话、电报的技术变革将导致企业规模的扩大；一切有助于提高管理技术的变革都将导致企业规模的扩大。

科斯对企业边界的论证基于工业经济时代，那时强调专业性、协同性、规模化和标准化，在此基础上产生的生产制造体系形成了工业经济时代的商业规模和形态——专卖店、连锁店等，并通过建立规范的标准和样本，再经历供应链和代理制，形成规模效应。

当今，人类进入了互联网经济社会，科斯可能没有想到信息网络技术发展如此之快，但是他预见的技术进步对于企业扩大边界的影响在成为现实。不仅如此，还出现了一些新的现象：

全球知名企业的大部分收入越来越依靠平台类业务支撑……

传统企业的经营边界在互联网经济时代越来越被生态所替代……

比如，苹果的成功在于其打造了汇聚内容与交易的平台，Google（谷歌）的成功在于其打造了信息汇聚与分享的平台。传统企业海尔裁员 2 万多人，把自己变成了有 3000 多个很小的小微创业团队的平台，并表示要把电器变成“网器”，在线上交互形成用户资源，从而打造一个生态圈，实现共赢。

随着这种平台、生态的日益普及和深化，我们也很难再用一个“属性”去界定某个企业与行业——无边界时代正在到来。

无边界技术——信息技术无边界运用，不仅赋予企业日新月异的管理技术，也赋予企业无边界扩展技术支持。

无边界商业逻辑——企业正从追求利益转为追求共生共赢，并日益融合在一个共同的价值商业网络中。

无边界资产——除了传统的资产外，用户、数据、知识都是企业的重要资产，且正在无边界流转。

而这些无边界技术、商业逻辑、资产，正在重构人类的生产要素，使生产关系产生变革，在思维、组织管理、资源整合、产业演变等商业领域产生影响和作用，并赋予我们更多的竞争优势。

新一轮思维跃迁正在进行；

组织的垂直边界、水平边界、外部边界正被穿透；

资源多元化整合社群化运营配置；

通证系统成为传统企业转型升级的新式利器；

产业与产业边界模糊，诞生新型无边界产业；

传统领导方式正在“横向”突破……

一种新的经济形式逐渐诞生——无边界经济，人类正在进行新一轮的价值创造、转化与实现。而它对企业来说则是一种可以有效应对当前全球化、智能化、“知本”化新商业环境竞争和发展的新思维、新方式及新模式。

互联网经济时代是一个创新的时代，这个时代“今天取得成功之所需完全不同于昨天，而明天的成功因素又将有别于今天”，新产品和新对手都可以一夜间涌现，市场战略的有效周期几乎天天都在缩减，全球市场的变化速度极快，意味着商业领域中不再有确定之事。唯有顺应时代特征，更灵活、富有创造力、充满勇气地去应对才能如鱼得水。

所以，如果你和你的企业也打算实现这种转变，获取竞争、发展优势，那么本书将为你提供简单又令人振奋的概念框架和实践方法，既可以帮你起步，也可以加速你前进的步伐。当然，就像没有任何企业能够取代市场一样，没有什么能够代替你自己的创造力和领导力，没有谁能够替你设计出你自己的无边界日程，本书于你更像是一个药方，需要你有效利用。

法兰克　谢林俯　潘汝显

2019 年 10 月 28 日

序言二
拥抱无边界经济

1994—2003 年，这是中国互联网第一个十年，属于技术驱动，从无到有的启蒙与发展的初级阶段。

2003 年，中国网民数量还未跨过 1 亿人[①] 大关，互联网全民普及率还未到 10%，互联网更多的还只是“概念”，我们经历了互联网泡沫与寒冬的洗礼。

以新闻、邮件和搜索为基础的门户是这个阶段的绝对力量，释放了新媒体的特性。这一时期诞生了新浪、搜狐、网易等明星企业。

2004—2013 年，是中国互联网第二个十年，属于互联网产业蓬勃发展的爆发阶段。

① CNNIC. 2004 年中国互联网络发展状况统计报告 [R/OL].[2019-03-12]. https://www.docin.com/p-1187134618.html.

到2013年，中国网民数量突破6亿人[①]，互联网全民普及率为45.8%。

以网民创造内容的博客和微博迅速崛起，改变了整个社会信息传播机制，以网民互动交流为核心的SNS（社交网络服务）、微信等社交技术爆发，改变了整个社会的人际交流机制。

我们见证了中国互联网产业的崛起，BAT（百度、阿里巴巴、腾讯）等巨头先后发力，开始超越其他各领域民营企业，成为中国民营企业的标杆，也成为中国高科技全球崛起的领军者。

如今，我们正经历着更为激动人心的中国互联网的第三个十年，中国已经进入一个10亿人同时在线的新时代。

一方面，在以数字技术和知识为主导的全球经济环境下，消费者需求模式的改变、经济全球化的挑战以及科学技术的迅猛发展，带来一个更为复杂、多变、不确定的环境，传统企业面临着严酷的挑战。

另一方面，2013年“双十一”一天350亿元的交易额是马云给传统零售业的新战书；新媒体、自媒体，使得传统媒体黯然拱手相让“半边天”，甚至更多；互联网与

① CNNIC.中国互联网络发展状况统计报告[R/OL].[2019-03-12]. http://www.cnnic.net.cn/hlwfzyj/hlwxzbg/hlwtjbg/201403/P020140305346585959798.pdf.

通信行业因为OTT[1]的全面爆发，不再是泾渭分明的两个行业……各行各业的活动向网络空间迁移、转型和升级，我们也认识了一系列的新名词：社群经济、共享经济、知识付费、新零售、社交新零售……[2]

而这一切仅仅是一个开端，它预示着互联网全新浪潮下，传统各行各业都将面临挑战，一切的“坚固”都将烟消云散，但是换一个角度看：

在这样的10年中，互联网不仅仅是技术和工具，一个超越于现实又影响甚至主导现实世界的全新的网络时空正在形成，它将是人类各类活动的全新时空，这将成为整个社会无边界发展的策源地，我们的经济、社会、生活、文化等各个层面都将全面向新的网络空间渗透和转移。

这是前所未有的无边界商业浪潮的开始，是人类文明的一次前所未有的进步与升级。特别是随着通证经济的应用，人类活动将大规模地进入网络空间——通证时代，无边界经济将得到爆发。

---

① OTT ：“Over The Top”的缩写，是指通过互联网向用户提供各种应用服务。这种应用和目前运营商所提供的通信业务不同，它仅利用运营商的网络，而服务由运营商之外的第三方提供。典型的OTT业务有互联网电视业务、苹果应用商店等。

② fa159yd. 无边界创新时代的机遇与挑战 [R/OL]. (2016-11-23) [2019-03-01]. https://max.book118.com/html/2016/1116/63486170.shtm.

通证时代，以“Token+IoT+AI”（通证＋物联网＋人工智能）为技术基础，基于万物的信息感知、智能模拟、交互处理网络，将实现人类社会化、即时化的大规模协作，从而最大限度激发互联网的潜力，重组传统IT（信息技术）行业、通信行业、PC（个人计算机）行业、媒体行业、娱乐行业……改变人类商业逻辑和模式。

通证时代，组织无边界、营销无边界、资源整合无边界、产业无边界……与企业在互联网中的传统做法——以流量、用户为起点不同，无边界经济则以产业生态系统为起点，极大推动互联网的开放性、延伸性、共享性，创新无限、变革无际，其商业空间不可想象。

然而，正是因为无边界经济处于新技术、新经济形态发展的初级阶段，它就像中国互联网的第一个十年那般，对更多的人而言只是“概念”。历史也已经证明，一切的结果预测都是不可靠的，但是，技术、商业发展的规律不会骗人，基本的时代变革认知和准备我们必须有，因为——

未来无边界经济是人类经济发展的整体性趋势，而不是目前仅仅某一领域的无边界研究和转变。

未来通证时代的网络空间一定会是我们创新和竞争的新战场，而不是目前现实世界中的简单革新。

浩天国际资本联合创始人

聂翔飞　张忠浩

2019年10月30日

目录

CONTENTS

上篇 边界的融合与消失——什么是“无边界经济”

第一章 | 被消磨的商业边界

任何事物的变化都有迹可循，遵循着一定的规律和原理，无边界经济的形成也是如此。我们唯有对其形成的条件、原理、轨迹，深入了解、认知，才能突破原有的认知局限，洞察其本质，了然其发展的必然性。

第二章 | 技术启动发展“核武器”

“AI+IoT+Token”会是推动无边界经济发展的“三驾马车”，也会是未来人类商业中有力的发展技术及工具。而这“三驾马车”所带来的技术流、信息流、数据流会形成完整的“无边界商流”，从而满足企业自身的发展需求，实现企业的“利我”目标。

第三章 | 新逻辑，这个世界另有计划

从商业思维，到商业实体，到组织管理，到商业模式，到商业关系，我们的商业逻辑正在发生根本性改变，这是一种逐渐由内转外的无边界穿透，而其过程也是一种寻求合作共赢的“利他”思维发展过程……

第四章 | 价值的创造、转化与实现

曾经，企业的目的在于盈利，企业的价值在于企业所拥有的资产；现在“无边界资产”越来越重要，企业的目的从独自盈利向价值创造转变，企业的价值则在于通过数据共享等方式实现“利众”式资产、财富升值、创新。

下篇 最佳的穿越与共享
——如何实现“无边界”发展

第五章 | 思维无边界“跃迁”

电子吸收能量后跳到更高的能量级，这便是“跃迁”。和量子一样，人类的认知也会受到激发产生突变，进行“跃迁”。而滚滚前进的时代车轮，便是激发人类认知最好的方式，任何时代的高手都应既懂得驱动自己持续努力和积累，也懂得借助时代和科技的力量放大自己努力的收益。

第六章 | 三类组织边界自由穿越

一个组织的成功因素除了规模、角色定位、专业化和控制之外，还包括速度、灵活性、整合以及创新，我们必须要打造出既能高效协作又能够在变化着的商业领域中自行畅游的组织，需要对组织的3种类型边界，即垂直边界、水平边界、外部边界进行一次无边界穿透……

第七章 | 通证系统构建经济新生态

在通证经济中有“通证三观”：无边界组织观、无边界资源观和可分布协作观。“通证三观”在通证系统中充分体现，并开始冲击我们的传统组织形式、资源整合方式和分工协作方式，它正在成为一股不可忽视的无边界发展力量……

第八章 | 资源整合，社群化运营

当今时代竞争早已不再是线性的行业内竞争，而是全方位、全时空、多维度的竞争，在这个过程中，一家真正厉害的企业，一定是手握用户和数据资源，敢于无边界整合的组织，一个真正厉害的人一定是一个具备跨界思维，能够在当今时代趋势和战略交会点上找到自己坐标的人。

第九章 | 无边界产业全球化迈进

未来10年，各个行业都可能进行大规模的跨界整合，产业与产业之间的边界渐渐模糊，甚至完全消失，从而诞生新型的无边界产业。届时，商业的共同语言是技术和用户，没有所谓“非数字化”的存在……

第十章 | 领导着力，一种演化过程

无边界经济的到来，带领组织走向无边界，是当今企业领导层面对的极艰巨也极令人兴奋的任务之一，这不仅是企业转型升级、组织成员改变自身命运的契机，也是领导者自身接受考验与重塑领导风格的契机和挑战……

无边界经济并非单纯指企业走向无边界组织，
管理走向无边界管理，
其最高境界是能够作用于生产关系的
无边界技术、无边界商业逻辑、无边界资产。
其中，无边界技术是“利我”；
无边界商业逻辑是“利他”；
无边界资产是“利众”。

上篇

边界的融合与消失
——什么是“无边界经济”

CHAPTER 1 | 第一章

被消磨的商业边界

任何事物的变化都有迹可循，遵循着一定的规律和原理，无边界经济的形成也是如此。我们唯有对其形成的条件、原理、轨迹，深入了解、认知，才能突破原有的认知局限，洞察其本质，了然其发展的必然性。

BORDERLESS ECONOMY

01

全球化3.0，世界竞技场被夷平了

◎ 英国学者戴维·赫尔德表示：全球化是一个体现社会关系和交易的空间组织变革的过程，此过程可以根据其广度、强度、速度以及影响来衡量，并产生了跨大陆或区域间的流动与活动、交往与权力实施的网络。

◎ 马云表示：我们在创造一个历史上从来没有出现过的，跨边界、跨时空和跨国界的经济体。

自由贸易空间拓展，只要你想就可以把生意做到全世界；

全球金融业务发展，只要你想就可以投资全世界；

全球范围内通用标准的数目逐渐增长，比如版权法、国际食品标准；

跨国界承认知识产权限制，如在中国获得的专利权可以在美国获得承认；

通过诸如互联网、电话等技术使得共享的信息资源不断增多……

世界经济全球化是当今我们任何一个人、任何一个企业所无法回避的现状。

全球化的缘起可以追溯到新航路开辟时期，两次工业革命让世界市场形成并不断得以扩大，直到第二次世界大战结束，经济全球化进程才得以进入高速发展阶段。

也许全球化发展历史如何断代，不同的人有不同的看法，但是普遍流行的是 1.0、2.0、3.0 的断代法。

全球化 1.0，始于 1492 年哥伦布起航，开通了旧大陆与新大陆之间的贸易，一直到 1800 年左右，其变化的主导者是国家，如西班牙发现美洲，英国殖民印度，依靠的力量是风力、马力及迟些时候的蒸汽动力。

全球化 2.0，大约从 1800 年到 2000 年，其变化的主导是跨国企业，跨国公司因为市场和劳动力走向全球，其依靠的力量前半场是蒸汽动力、铁路运输带来的全球化整合，后半场是由电话、电报、电脑、卫星、光缆及互联网带来的全球连接。

全球化 3.0，从 2000 年一直持续到现在，其变化的主导是个人，个人有着更多机会在全球范围内参与竞争与合作，这个人不是地域上的西方人或东方人，而是来自世界每个角落被赋予力量的个人或其所引领的团队，依靠的力量不是马力也不是硬件，而是软件——各种新应用。在这些应用中，世界变成了“迷你型”，世界的竞技场也被夷平了。[①]

回顾历史，我们可以看见全球化进程特定阶段为后发国家的经济迅速崛起提供了机遇，有一些国家和地区实现了或正在实现“弯道超车”。

比如，全球化 2.0 中，在 1870—1913 年，美国和德国把握住了机会，后来者居上；1950—1973 年，因为把握住了贸易和投资自由化的重大机遇，日本和“亚洲四小龙”乘势腾飞……

而在全球化 3.0 进程中，表现醒目的是中国。

面对新一轮的全球化，中国审时度势，做出重大历史性判断：经济全球化是中国和平发展的重大战略机遇期，同时是各种复杂矛盾和风险的凸显期。中国顺势而为，毅然做出申请加入世界贸易组织（WTO）的重大决策，中国被纳入世界经济体系之后，对外开放程度不断加深。

在此期间，中国积极引进和利用外资，吸收先进管理

① 托马斯·弗里德曼．世界是平的：21 世纪简史 [M]．长沙：湖南科学技术出版社，2008.

理论和经验；深度参与国际分工；主动融入全球科技发展轨道，逐步突出科技革命对经济发展的促进作用；提升自身产业结构，在引进技术的基础上，不断调整和优化产业及产品结构；在个人激励上，中国有“双创”，倡导匠人精神，鼓励新兴商业模式研究、试验。

那么，全球化局势对我们个人和企业有什么影响呢？

马云认为，阿里巴巴的竞争对手不在中国，而在硅谷。为此，阿里巴巴业务采用“履带式前进”：2017—2019年超级独角兽蚂蚁金服领跑，2019—2021年阿里云接棒，2021—2024年，菜鸟出击。短短两年时间，阿里完成了一次蜕变，新兴战略业务布局基本成型，展现出巨大生态效应和潜力。

越来越多的身处经济全球化的国人，不满足于现状和已有的方式，正在以个人的“冒险”精神来创造新的事物。这样的新事物也将会有一个共同的特点——没有边界。比如互联网金融打破传统金融机构和企业的边界；社区经济打破企业和消费者的边界；共享经济打破拥有者和使用者的边界……

同时，我们注意到：全球化世界竞技场被夷为平地，这一方面，赋予创业者极大的机遇；另一方面，降低了创业的门槛，也就意味着模仿更容易，竞争更激烈。因此，未来的商业我们需要上演一场场“速度与激情”的比赛：

先打破自己的边界，拥有征服全球的野心，拥有与野心匹配的思维与能力；

再拥抱改变，改变会是撬动野心的工具，改变要快；

最后，“活着”就是胜利！

02

智能化，当代人类文明发展趋势

◎ 培根表示，科学真正的、合法的目标说来不外是这样：把新的发现和新的力量惠赠给人类生活。

◎ 任正非表示，相信有一天，我们一定会成功的，“桃子树上会结出西瓜”，虽然现在结的还只是“李子”。

如果说机械化解放了人类的双手，让人类见证了一个个生产奇迹，极大地提高了人类的生活水平，给人类带来了工业文明；那么，今天的智能化则是人类的“替代品”，机器人代替人类进行复杂工作，提高各行各业效率，同时与人类进行交互，甚至未来可能产生新的物种“奇点人”，人类文明将进入一个新的发展历程。

那么，什么是智能化？

智能化是指使对象（工具、设备）具备灵敏、准确的感知功能，正确的思维（程序）与判断功能（大数据分析）以及行之有效的执行功能而进行的工作。

从刷脸解锁到无人驾驶汽车上路，从智能家居的应用到智能交通、安防等的布控……高科技的发展下，智能化系统的运用和普及，就像水和电一样，正在成为我们生活中不可或缺的因素。我们对智能化设备进行基础编程把控，设备便能够从事烦琐、重复、危险的工作，加之其与人类的各种交互，可传感各种信息，为人类生产力、生活体验和科技发展助力，且做出了巨大贡献。

2016 年，美国陆军在过去几年由政府机构、咨询机构、智囊团、科研机构等发表的 32 份科技趋势相关研究调查报告的基础上，提炼了一份长达 35 页的《2016—2045 年新兴科技趋势》报告，明确了 20 项值得关注的科技发展趋势，其中 5 项与智能化密切相关。

机器人与自动化系统，人工智能更多地被应用，但也会带来伦理和文化上的挑战。

数据分析，自动人工智能软件将极大提升我们处理巨量动态数据的能力。

智能城市，利用信息和通信技术（ICT），通过大数据及自动化提高城市的效率和可持续性。

先进数码设备，人们将会拥有更强的计算能力以及更广的数码资源，数码设备会成为我们身体的一部分。

混合现实，虚拟现实和增强现实融合人类感官，实现深度沉浸体验。①

从中我们也可以概括出智能化的五大发展趋势。

趋势一，机器人的崛起与人机共治，机器将大量使用拟人脑芯片，拟人机器人将大范围应用，机器人群体开始形成，人和机器的边界开始模糊。

趋势二，物联网万物互联将成为推动人类智能社会变革的强劲动力和基础设施，人与物的边界开始模糊。

趋势三，数据正在成为重要的资源及战略资产，基于物联网的数据争夺将越发激烈。

趋势四，智能平台将主导产业和商业形态，智能平台经济正在迅速崛起，为产业带来活力，智能型企业将随之快速发展。

趋势五，智能基础设施成为国家竞争力的重要表现形式，智能综合体、智能网络、智能服务将成为推动社会形态发展和进步的主要形式。

那么，这种智能化趋势如何作用于当今的商业社会呢？

技术带动整个社会变革通常遵循这样的一个模式：

① 秦陇纪．美国《2016-2045年新兴科技趋势》报告解读[R/OL].[2019-03-12]. http://smart.huanqiu.com/roll/2016-12/9861108.html?agt=15438.

"新技术 + 原有产业 = 新产业"。智能化的发展也遵循这样的模式，只是它会演变为："现有产业 + 机器智能 = 新产业"。

比如，华为打造了无边界智能计算世界，布局智能计算业务。

早在 2017 年，华为就提出了"无边界计算"战略，主张打破服务器边界，打破数据中心边界，根据全联接世界的发展前景来设计新的计算架构，这被确定为华为此后 5 年的发展业务。

经过近一年的重点投入，2018 年华为发布了基于"无边界计算"战略的智能计算业务布局，以及面向企业数字化转型的关键业务服务器 KunLun V5，全新一代 SSD（固态硬盘）产品 ES3000 V5，并表示将致力于提供全栈 AI 计算平台，打造无边界智能计算世界，从而满足企业在计算、数字化转型及智能化方面的应用场景。

华为也顺应着智能化发展趋势布局，以数据为战略布局关键要素，在现有的产业上，增加了智能服务器和产品，将自身打造成了一个智能平台，华为正在重塑商业形态，诞生新的产业。①

对于华为抢滩 AI、物联网，很多人非常惊讶，认为

① 飞象网．打造无边界智能计算世界！华为布局智能计算业务 [R/OL]. [2019-02-14]. http://www.sohu.com/a/233803698_162886.

这颠覆了人们对华为的认知，媒体给出的评论大多是“一鸣惊人”。其实任正非早就表示过：苹果公司很有钱，但是太保守了；华为没有钱，却装成有钱人一样疯狂投资。华为一定会成功的，“桃子树上会结出西瓜”，虽然现在结的还只是“李子”。在他看来，桃树的树干就是公司共同的支撑平台，根状体系要分不同客户去汲取不同营养，并利用多种商业模式，让这棵桃树不能只结桃子这一种果实，而是一定要结出西瓜。这便是典型的“无边界操作”。

所以，面对智能化的人类社会，未来的商业需要无边界操作，从而让智能化的商业水到渠成！

这种操作会是“现有产业 + 机器智能”所塑造的崭新企业形态；会是多种商业模式的跨界、融合运用；会是智能平台的无边界应用或借力。

03

知本化，生产要素队列大调整

◎ 1994 年图灵奖得主、知识工程的奠基人爱德华·费根鲍姆说："In the knowledge lies the power（知识中蕴藏着力量）。"

◎《圣何塞信使报》曾这样评价乔布斯和比尔·盖茨：乔布斯的公司生产简单、优雅的东西，让每一个人喜欢，但是相对用的人少；盖茨公司创造的软件，几乎所有人都用，却不见得喜欢。

在人类农业文明和游牧文明中，低下的社会生产力决定了主要的生产要素是生存资源，如土地、劳动力。

后来，人类社会进入工业文明，工业革命极大提升了人类的生产力，资本家依靠雄厚的资本实力，运用规模化、机械化生产圈人、圈地、圈能源，快速扩张自己的“领地”，逐步加深社会协作，主要的生产要素成了资本、能源。

20 世纪 90 年代，人类社会进入信息时代，信息技术高速发展，推动了全球生产力的大发展，随着信息技术的深入发展，消费升级，商业模式变革，知识、技术更是可以在全世界流动和优化配置，主要的生产要素变成了知识和技术。

而德鲁克在研究整个管理学近百年的历史当中，曾对之前知识所起到的作用，做过三个革命性阶段的划分：

当知识运用于生产工具时，称之为工业革命；

当知识运用于工作之中时，称之为生产力革命；

当知识运用于知识自身时，称之为管理革命。[①]

而这三个革命带来的结果是什么？是人类将知识运用于生产之后，在一个世纪所创造的财富比之前所有世纪所创造的财富总和还要多。知识让人类的生产效率大大提高。

对此，1994 年图灵奖得主、知识工程的奠基人爱德华·费根鲍姆说：“In the knowledge lies the power。”“知识中蕴藏着力量”是费根鲍姆对知识的理

①36 氪的朋友们．陈春花万字长文：这次知识革命，淘汰的不是工具，是人 [R/OL]. [2019-02-14]. https://36kr.com/p/5097552.

解，知识中的力量指人们对动态知识的掌握、传播、运用、创新。当今人类社会、经济的发展也确实从知识中获得了力量——进入知识经济时代，我们迎来了知识作用的第四个阶段——**知识本身成为一个生产要素，在人类社会生产中，它正逐渐转化为“知本”作用于今天的人类商业。**

知识可经物化产生市场价值，也可直接作为精神消费对象，为人类带来巨大财富；

将物质生产和知识生产结合起来，充分利用知识和信息资源，生产高附加值产品；

物质资料生产过程中各环节的相互协调运行以掌握大量相应的知识为前提；

知识要素通过对劳动者、劳动资料和劳动对象渗透，有着巨大的杠杆作用；

诞生新的“知本家”，他们依靠自己的知识和技能创业、创新，行走在时代前沿。

以知识为资本、资源、能源，以知识创新为动力，以知业、脑业、智业开发为主导，以知识为价值和价格的依据，以知识为流通工具，以知识为交换体系……今天的商业世界正在进行一场知本化变革。

如果说曾经资本的趋利性和增值性，会促使它依次流入最有效率的国家和地区，最有效率的产业和企业，最有效率的项目和个人；那么现在知本的知识性和技术性，让经济发展并不仅仅垂青少数经济强国和巨头企业，知本不是它们的独享专利，它存在于各行各业的创业与创新之中，是人类可以共同开发的伟大资源，可以赋予一些企业和国家“后发效应”。

比如，代表美国信息技术高水平的美国微软公司，它的创始人比尔·盖茨在短短20多年内创造的财富比传统的石油大王、汽车大王、钢铁大王和金融寡头等在200年创造的家族财富还要多。

再比如，2016年中国面向个人的各类付费知识产品大批涌现，到2017年达到一个高潮，因此有人称2017年是中国互联网知识经济的元年。在此期间，我们看到吴晓波频道、罗辑思维、混沌研习社等一大批“知识极客”“知识匠人”独特群体涌现，其依靠知识和技能的创业模式也获得了资本的青睐，创造了新一批中国创富传奇，其创始人自身也完成了一次身份转化，从创业者变成人人艳羡的“知本家”。

而知识相对于其他的生产要素来说具有无与伦比的优越性：

具有不可消耗性。与资本、机器、物质资源不同，知识可以不断循环使用，共同分享，在使用中不可消耗、没有边界，比如管理知识是所有企业都需要的，而管理知识并不会因为被这个企业使用了便对另一个企业失去作用；

具有可传播性，而且传播得越广、越快成本就越低。知识在传播上没有边界，人人都可以感知、获得，比如知识付费，人们购买知识的行为越普遍，知识越容易得到传播，得到传播的同时，人们的获取渠道便开始丰富，人们可以以更为低廉的成本获得知识，知识也不再是少数人的专属；

具有持续创新性。知识有积累经验、使用、创新、再积累经验这样的一个循环上升的过程，但知识自身的发展是没有边界的，比如互联网技术。

因此，不管是知识经济还是知识社会，都是无边界的，大有可为。

另外，有一件很有意思的事情，乔布斯和比尔·盖茨同一年出生，也进行着同样的事业，但是《圣何塞信使报》却这样评价他们两个：乔布斯的公司生产简单、优雅的东西，让每一个人喜欢，但是相对用的人少；盖茨公司创造的软件，几乎所有人都用，却不见得喜欢。为什么？因为他们代表着两代“知本家”的不同特征：比尔·盖茨是精英阶层，以知识使用为资本，讲究的是知识产品的使用性和普惠性；乔布斯是创意阶层，以创意为发展动力，注重的是让人们产生一种情感上的反应，让人产生“喜爱”而不光是“有用”的感觉。

所以，在日益知本化的人类社会和经济社会中，我们必须注重知识的力量：

不管是弯道超车还是换道超车，知识都会是我们创富的新手段、新模式；

知识是无边界生产要素，人人可获得，人人可使用；

消费升级、产品过剩，创意比使用更重要！

04

通证化，即将被改写的生产关系

◎ 尤瓦尔·赫拉利在《人类简史：从动物到上帝》中表示：历史的铁则就是，事后看来无可避免的事，在当时看来总是毫不明显。

所谓生产关系，是指人们在财富的生产过程中形成的社会关系，它包括资源归谁所有、人们在生产组织中的地位和相互关系、产品分配的形式等，概括来说有3要素。

生产资料所有制；

人们在生产中的地位和交换关系；

产品分配关系。

在奴隶社会和封建社会的时候，生产力相对低下，生产资料掌握在奴隶主和地主手中，生产关系呈现“简单少量”的状态，即人们在生产中的地位层级少，关系简单，无非是奴隶主和奴隶、地主与佃户，产品为生产资料所有者享用。

到了工业社会，生产力极大提升，新阶层——资本家诞生，生产资料掌握在资本家手中，但是社会化协作广泛展开，人们在社会协作及生产过程中形成了复杂的层级关系，以适应大规模生产的需要，且每个人的工作职责和范围有着明确的界定，从而实现标准化作业，依照层级关系进行分配。这种复杂的层级制管理和标准化作业垄断了商业时代上百年，在早期有力地推动了人类社会的发展。

但是随着信息技术的不断发展，人与人之间的信息传递从未像今天这般迅速和便捷，通过自媒体平台、电商平台、知识平台等形式，大量的人开始尝试脱离传统商业组织，以个人或小型组织的形式参与社会经济活动，同时人们的追求越来越个性化、多元化，整个社会的生产关系正在发生新一轮变革，而通证经济的诞生将大大加速这一进程。

那么什么是通证经济？

通证是 Token 的音译，因区块链而为人所知，曾被翻译为“代币”，其实，它在区块链未出现之前就已应用在网络通信中，是计算机身份认证中的“令牌”，代表执行某些操作的权利的对象。在以太网成为局域网的普遍协议之前，IBM（国际商业机器公司）曾经推出过一个局域网协议，叫作 Token Ring Network（令牌环网）。网络中的每一个节点轮流传递一个令牌，只有拿到令牌的节点才能通信。这个令牌，其实就是一种权利，或者说权益证明。

后来，以太坊及智能合约的出现，赋予了 Token 更广泛的含义。现在我们所提到的 Token，其实大多是基于以太坊 ERC-20 标准的一种智能合约产物。基于以太坊 ERC-20 这个标准，这个 Token 可以代表权益和价值，“通证”的概念逐渐形成：可以流通的数字权益凭证。它有 3 个基本特点：

可证明。人类在生产、储蓄、交换、分配等各项活动中以数字形式存在的权益凭证，代表的是一种权利，一种固有的和内在的价值；

可加密。Token 的真实性、防篡改性、保护隐私等能力由密码学予以保障；

可流通。能够在网络中流动，随时随地被验证，同时高流通性能带来高溢价。

《财富第十波 2.0——通证时代的数字黄金》，在这 3 个基本特点和区块链技术基础上，详细分析了 Token 价值衡量尺度作用、交换媒介作用形象地将其比喻为“数字黄金”。

有人曾这样定义通证经济：“以区块链的技术为基础，

通过经济正向激励和反向激励来实现人与人大规模地强协作。”其实，简单理解，通证经济就是把通证充分运用起来的经济。运用的方法便是构建通证经济体（通证系统），在这个经济体中，一些重要的价值、权益都被通证化，借助区块链技术使这些价值和权益以数字形式进行流转。

那么，通证经济将如何作用于我们今天的商业？又会如何改变生产关系呢？

变革生产资料所有方式。Token 代表一切权益证明，如从身份证到学历文凭、门票、卡券、股票及债券都可以 Token 化，资格、证明、账目、所有权都可以数字化为权益证明并基于区块链流通、交易，这将让生产资料“分散”到通证社区每个成员手中，人们通过持有 Token 形成自己的数字资产，通证由一串数字密码锁定，生产资料边界被打破。

回归生产者个人价值。通证经济，一方面，让生产资料回归个人，生产者不再仅仅是“打工者”的角色，有着足够的“利益驱动”；另一方面，通过运行 Token、设立相应的激励机制，给那些生活中原本已被忽视的个人权益和资产重新赋予活力，打破了传统组织中个人价值评价边界。

让分配更加公平。通证的世界中，只相信代码，每个人都可以配置单独的数字账户，每个行为都以智能合约方式被动执行，分配上做到了去中心化，打破了传统商业分配规则。

区块链是人类未来世界的后台技术，通证经济是前台经济形态，虽然两者可以独立存在，但唯有合理结合（也就是基于区块链的通证经济），才能产生一种突破边界的能力。它带来不仅是效益的优化、模式的改善，更是生产角色的转化。

当然，目前区块链和通证经济，特别是通证经济的发展尚处于早期不成熟阶段，但是我们不能否认技术的优越性及对人类未来商业的改造能力。就像尤瓦尔·赫拉利所说的那样：历史的铁则就是，事后看来无可避免的事，在当时看来总是毫不明显。因此，在通证化的时代趋势面前，你不能“看不见”“看不起”“看不懂”，以致“来不及”。

现在开始静下心来重新审视区块链这项新技术；

认真思考行业布局乃至项目、企业架构重塑；

重新塑造自己，即便现在不作为，也要让自己的思想始终处于时代的领先地位。

在时代大势面前，你的企业将何去何从？

全球化、智能化、知本化、通证化，是我们当今商业边界消融的4大宏观条件，也可能是人类社会的发展趋势。我们每个人、每个企业都无法抗拒这样的发展潮流。

那么，如何顺应这样的潮流？

其实，我们可以用一套简单的结构来梳理企业的未来生存之路。

- 一个合乎逻辑的理由——解释为什么需要重新检视自身企业无边界发展，比如受市场竞争、异业联盟、销售渠道、市场份额等的影响。
- 一种方法（或者说工具）——你可以用它来评价自己公司在无边界状态中的发展程度或进行业务无边界突破。
- 一个预判性后果——最坏的结果是什么？实践中它什么时候会产生？比如，在发展缓慢的商业环境中，基于层级的管理会令人满意；但是一旦要求快速响应和灵活性时，层级制度就可能造成不良后果。
- 一个措施或技术——你可以采用这个措施或技术来打破旧有方式，建立新的无边界行为方式，比如建立一种共享思维模式，或植入通证经济系统。

● 一幅描绘前景的蓝图——无边界发展能够给企业带来什么好处？产生什么影响？

CHAPTER 2 | 第二章

技术启动发展“核武器”

“AI+IoT+Token”会是推动无边界经济发展的“三驾马车”，也会是未来人类商业中有力的发展技术及工具。而这“三驾马车”所带来的技术流、信息流、数据流会形成完整的“无边界商流”，从而满足企业自身的发展需求，实现企业的“利我”目标。

BORDERLESS ECONOMY

01

AI，不是选择题而是唯一答案

◎ 电影《超验骇客》中有一段经典台词：你是在创造上帝吗，人类不是一直在努力创造上帝吗?

◎ 谷歌创始人之一拉里·佩奇表示：人工智能将是谷歌的最终版本。它将成为终极搜索引擎，可以理解网络上的一切信息。它会准确地理解你想要什么，给你需要的东西。我们现在还远没有做到这一点。然而，我们能够逐渐接近，我们目前正在为此努力。

在美国科幻悬疑电影《超验骇客》中，天才科学家威尔·卡斯特的大脑意识被数据化上传到智能计算机上，天才头脑和先进科技完美融合，让他化身为“智能永生人”。

这是天方夜谭吗？不是！当奇点来临时，“智能永生人”也就是“奇点人”有可能真的成为现实。

“奇点”本是“时空中的一个普通的物理规则不适用的点”，在广义相对论中，它既是能量条件早期的应用之一，也是全局方法初试锋芒的范例。

美国未来学家雷蒙德·库兹韦尔借助这一概念，将“奇点”演变为人类与其他物种（物体）相互融合的那个“点”，确切地说是指电脑智能与人类智慧兼容的那个时刻——这就是当今世界未来学研究领域前沿的理论之一——奇点理论。

雷蒙德·库兹韦尔预测：

21世纪20年代中期，人类将会成功地逆向设计出人脑。

到21世纪20年代末，计算机将拥有具备人类智能水平的能力。

到2045年，由于电脑计算能力剧增和其成本的骤减，电脑所创造的人工智能的数量将是当今存在的所有人类智能数量的大约10亿倍，“奇点”时刻就会出现，“奇点人”诞生。①

当“奇点”来临时，人工智能将超越人类智慧，“奇点”之后，如果人类智慧能够完全转移到计算机上，便可以诞生“奇点人”，就像《超验骇客》中所描述的一样，

① 百度百科．奇点理论[R/OL]．[2019-03-12]．https://baike.baidu.com/item/%E5%A5%87%E7%82%B9%E7%90%86%E8%AE%BA/3712553?fr=aladdin.

人类将开启永生模式，或者说人类将依赖于电脑达到“永生”，这将是人类另一种形式的存在，我们甚至可以称之为“新物种”。

当然，以目前的人类科技水平，短时间还难以达到这样的发展高度，但是雷蒙德·库兹韦尔的预测也并非“危言耸听”。

AI是一门研究和开发用于模拟、延伸和扩展人类智能的理论、方法、技术及应用系统的新的技术科学，企图揭示智能的实质，并生产出一种以与人类智能相似的方式作出反应的智能机器。①

AI研究范畴：语音识别、视觉识别、智能搜索、知识表现/获取、组合调度、模式识别、逻辑程序设计、人工生命、复杂系统、遗传算法、人类思维方式等。目前最关键的难题在于机器的自主创造性思维能力的塑造与提升，其有核心3要素。

数据。数据是基础，大数据为机器提供了学习的引擎。

算法。算法是核心，机器学习最基本的方法是使用算法来解析数据、从中学习，从而将AI“进化”到全新的高度。

计算力。计算力是保障，为算法的实现提供坚实后盾。

① 百度百科．人工智能[R/OL]．[2019-03-12]．https://baike.baidu.com/item/%E4%BA%BA%E5%B7%A5%E6%99%BA%E8%83%BD/9180?fr=aladdin.

AI 相关领域关系如图 2-1 所示。

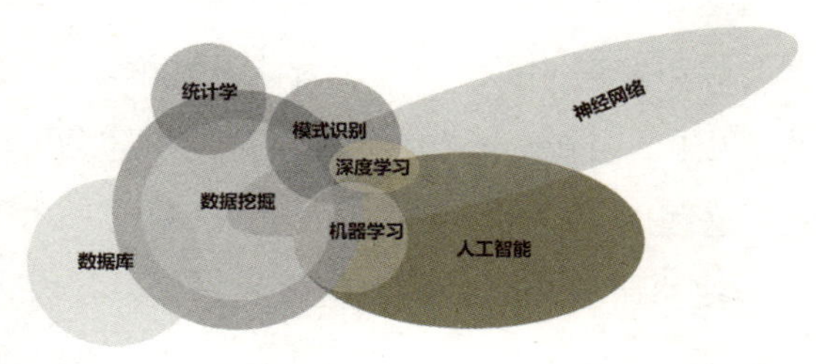

图2-1 AI相关领域关系

AI 的发展可以分为 3 个阶段：

计算智能阶段，让机器能够像人类一样计算，如神经网络和遗传算法的出现让机器能够更高效、快捷地处理海量数据。

感知智能阶段，让机器能够听懂人类语言，看懂世界万物，如语音识别、视觉识别，从而让机器更好地辅助人类高效完成任务。

认知智能阶段，让机器能够主动思考并采取行动，如无人驾驶技术、机器人，从而让机器全面辅助甚至代替人类工作。

可以说，AI 是对人类官能的延伸和增强，不仅能模拟人类智慧，甚至可能最终超越人类智慧。其理论和技术日益成熟，应用领域也不断扩大，人们也日益重视。

2017 年 4 月英国工程与物理科学研究理事会

（EPSRC）发布了《类人计算战略路线图》，明确了类人计算的概念、研究需求、研究目标与范畴。2017年7月我国国务院印发了《新一代人工智能发展规划》，提出了面向2030年我国新一代人工智能发展的指导思想与战略目标等。这些顶层设计的战略性推动，再加上资本力量的聚集、科技公司的布局、各类媒体的宣传以及有识之士的全方位评论，让AI受到越来越多的关注，AI也不负众望，正在服务、交通、零售、健康、智能制造等领域发挥作用。

语言处理和强化学习能力，形成记忆网络，诞生新技术、新产品。如全球人工智能语音方案支持42种语言即时互译，准确率高达97%，响应速度达到0.2秒，在全球部署服务器，随处可用，并衍生出一系列语音交互产品：智能语音车载、儿童陪伴机器人、微信语音机器人，等等。

仿真技术运用，从多种生物特征中找出可以进行身份识别的方案，比如人脸识别、指纹识别、虹膜识别、语音识别等，并应用于公共安全领域。AI的仿真是当前现实中比较广泛的技术落地场景。

精准营销和个性内容表达，AI提供更科学的数据支持、预测与服务，其创造的浏览跟踪和精准推送算法使得分众化营销策略和细分市场的对口推广愈加成熟，比如我们在观看视频、搜索内容后看到的相关广告的推荐都是经过了智能算法、大数据分析等多维度智能分析，而这样的智能分析也充分体现了我们个人的兴趣爱好，倒逼营销内容创作模式的革新，比如让网络直播内容创作由 UGC[①] 转型为 PGC[②]，实现网络直播平台高效分流。

为新零售赋能，AI 可以为零售带去更加智能、优化的交易管理，比如对用户购买数据、行业竞争数据的综合分析，可为企业带来差异化定价、组合定价等多种更优的定价管理，而基于消费者消费数据的分析，可以辅助企业设计有效的促销活动。

2016 年，谷歌 CEO（首席执行官）Sundar（桑达尔）宣布谷歌战略从“Mobile First”（移动先行）转向“AI First”（人工智能先行），在对人工智能技术进行多年投入后，现在，谷歌正在通过深度学习、机器学习等技术，让旗下的产品变得更加智能，不仅有 Google Assistant 智能助手，还在 2018 年秋季发布会上发布了包括手机、耳机和智能音箱等多款 AI 硬件，构建 AI 生态。

随着国内外互联网巨头、软件公司、传统企业、初创企业等纷纷加入 AI 领域，行业竞争格局初步形成，并分化出了五大角色：

---

① UGC：User Generated Content，指用户原创内容，即用户将自己原创的内容通过互联网平台进行展示或者提供给其他用户。UGC 是伴随着以提倡个性化为主要特点的 Web2.0（第二代互联网）概念兴起的。

② PGC：Professional Generated Content，指专业生产内容，用来泛指内容个性化、视角多元化、传播民主化、社会关系虚拟化。

生态构建者——“全产业链生态 + 场景应用”。以互联网公司为主（如 Google、亚马逊、脸书、阿里云等），长期投资基础设施和技术研发，同时以场景应用为流量入口，从而构建商业生态，成为主导应用平台。

技术算法驱动者——“技术层 + 场景应用”。以软件公司为主（如微软、IBM 等），深耕算法平台和通用技术平台，同时以场景应用为流量入口，逐渐形成技术应用平台。

基础设施提供者——基础设施、设备供应商。以芯片或硬件研发、生产公司为主。

垂直领域先行者——“杀手级应用 + 垂直领域生态布局”。以垂直领域的先行者为主（如滴滴出行、旷视科技等），在垂直领域依靠重量级应用（如滴滴出行场景式应用、旷视面部识别应用），积累大量用户和数据，并不断研究、演进该领域的通用技术及算法，成为垂直领域领军者。

应用聚焦者——技术场景应用。以传统公司、创业公司为主，基于业务场景或行业数据，运用、开发大量细分场景应用。

这五大角色中，你是哪种角色？

虽然当前 AI 尚处于早期应用阶段，其“人造人”的“上帝行为”让不少人发出“AI 威胁论”，但是其技术的先进性，广阔的应用前景及五大角色的初步竞争格局，让越来越多的企业都不可避免地卷入 AI 的潮流之中。因此

AI 不是选择题而是唯一答案：不管你愿不愿意看到，AI 时代正在开启；不管你承不承认，无边界经济在数据、算法的驱动下，在技术领域逐渐成型。

02

IoT，以用户体验为核心的创新2.0

◎ 美团网创始人王兴表示：物联网和智能硬件将成为互联网的下一个机会，而不仅仅是穿戴设备，跟线下需求相匹配的硬件蕴含着巨大商机。

◎ 电影《爱的万物论》星空璀璨的背景里有这样一行字："Hope is everything,life is everything,love is everything.（希望就是一切，生命就是一切，爱就是一切。）"

2005年，国际电信联盟（ITU）发布的《ITU互联网报告2005：物联网》给我们描绘了这样的一个IoT图景：

公文包会"提醒"主人忘带了什么东西；

衣服会"告诉"洗衣机对颜色和水温的要求；

当搬运人员卸货时，货物包装可能会大叫“你扔疼我了”；

当司机出现操作失误时汽车会自动报警……

其实早在1995年比尔·盖茨就在《未来之路》一书中提及物联网；1998年麻省理工学院提出了当时被称作EPC（电子产品代码）系统的物联网构想；1999年，在物品编码技术上Auto-ID公司提出了物联网的概念；直到2005年11月17日，信息社会世界峰会上，国际电信联盟描绘了一些IoT图景，并给其做了如下定义：

通过二维码识读设备、射频识别（RFID）装置、红外感应器、全球定位系统和激光扫描器等信息传感设备，按约定的协议，把任何物品与互联网相连接，进行信息交换和通信，以实现智能化识别、定位、跟踪、监控和管理的一种网络。

简单来说，IoT是指通过各种信息传感设备，实时采集任何需要监控、连接、互动的物体或过程等各种需要的信息，与互联网结合形成的一个巨大网络。其目的是实现物与物、物与人，所有的物品与网络的连接，方便识别、管理和控制。它有传感器技术和嵌入式系统技术两大关键技术，并产生两大基础作用：

智能标签。通过NFC（近场通信）、二维码、RFID等传感器技术标识特定的对象，并将信息转换为适合网络传输的数据格式；

智能控制。以嵌入式系统为特征的智能终端产品对通过网络传输过来的信息进行相关计算、决策，改变对象的行为并进行控制和反馈。

如果把 IoT 比作我们的身体，传感器相当于我们的五官，网络就是我们的神经系统，嵌入式系统就是我们的大脑，其运作原理为：五官对事物进行标识，并转化为大脑可识别的数字信息，通过神经系统传输给大脑，大脑再进行处理、决策。

而 IoT 的嵌入式系统技术是综合了计算机软件、硬件技术，传感器技术，集成电路技术，电子应用技术的复杂技术，将 IT 技术充分运用在各行各业之中。比如把传感器嵌入和装备到电网、铁路、建筑、供水系统、油气管道中，然后将其与互联网连接，实现人类社会与物理系统的整合，对网络中的人员、机器、设备、基础设施等实时管理和控制，从而使人类能够以更加精细和动态的方式管理生产和生活。

因此，IoT 的本质与其说是网络，不如说是业务和应用。而这样的应用能够形成新网络、新技术环境，改变传统用户体验设计。

传统用户体验通常需要特定设计，并在特定环境中进行。比如最简单的新衣试穿，目前人们需要在实体店面才能实现，但是 IoT 通过传感技术和模拟技术，可以让人在任一屏幕中试穿新衣。同时，IoT 作为应用自身，其精神实质是提供不拘泥于场合、时间的应用场景与用户自由互动，并正在弱化技术色彩，强化与用户之间的良性互动，旨在提供更佳的用户体验，更及时采集数据和分析建模，让用户更自如地工作和生活。

基于 IoT 对应用的创新、用户体验的升级，业界越来越形成一种共识：应用创新是 IoT 的发展核心，以用户体验为核心的创新 2.0 是 IoT 的发展灵魂。

创新 1.0，工业时代的创新形态，以技术发展为导向、科研 / 技术人员为主体、实验室为载体的科技创新活动。

创新 2.0，信息时代、知识社会的创新形态，以用户为中心、以社会实践为舞台、以共同创新和开放创新为特点的用户参与的创新模式。[①]

在创新 2.0 的 IoT 中，人和物不仅是数据、信息的使用者，更是数据、信息的生产者，IoT 感知数据不再是实验室里的数据样本，它围绕人的各种生产、生活而产生，从而与无所不在的网络、无所不在的感知、无所不在的计算、无所不在的应用，一起推动人类商业无所不在的创新，全球各大企业纷纷入局。

美团网创始人王兴表示：物联网和智能硬件将成为互联网的下一个机会，而不仅仅是穿戴设备，跟线下需求相

① 百度百科．创新 2.0[R/OL]. [2019-02-14]. https://baike.baidu.com/item/%E5%88%9B%E6%96%B02.0/6764027?fr=aladdin.

匹配的硬件蕴含着巨大商机。

美团也在积极发展云计算、大数据、IoT、人工智能等新技术在配送业务中的应用，建成了全球最大的智能配送调度系统。其“机器人 + 骑手”模式已经在北京朝阳大悦城地区试运营，该机器人内置高性能雷达激光器、位置传感器、摄像头等，可以精准感知周围人流情况，并利用先进感知算法避开人群。此外，借助体内物联网芯片，机器人还可以向试点地区电梯发送开门、选择楼层等指令，从而顺利抵达商家。未来，美团无人配送将不局限于餐饮，扩展至鲜花、蛋糕、药品等领域，帮助用户足不出户享受物联网的便利。

如果说 AI 对我们来说还有点科幻甚至梦幻，那么 IoT 则是实实在在地改变着我们的生活和工作，我们的工作和生活都在 IoT 系统中：

家庭 IoT，智能家居正在让家变得更聪明、安全。

医疗 IoT，医联网，医生随时可读取患者病历数据，住院患者手环随时监测血压、心跳、用药情况，穿戴式装置更是可以实时监测危机。

工业 IoT，过去有产才有销，IoT 则将其进化到可一对一需求生产。

农业 IoT，新的植物种植厂如实验室一般，通过传感器监测土壤水量及酸碱度，精准掌控生产过程……

麦肯锡报告指出，到 2025 年，物联网带来的经济效益将在 2.7 万亿美元到 6.2 万亿美元[①]。一个万物互联的世界即将到来，信息数据也将源源不断地产生。

所以，IoT 并非只是万物联网，它更是各种技术无边界的大融合，其打造的一股股基于用户体验的高效信息流，冲击着每一个行业和领域，以创新运用为引擎，以优化场景、服务体验为目的。

① 百度文库．麦肯锡：物联网报告[R/OL]．[2019-02-14]．https://wenku.baidu.com/view/621f3485d4d8d15abe234e26.html.

03

Token的强大“织网”能力

◎ 万维网之父、2016 年图灵奖获奖人 Tim Berners-Lee 在 EmTech China2019 全球新兴科技峰会发表演讲时表示，人所拥有的力量是有创造性的，我们可以建造一些东西，它可以让我们理解他人，为共同的目标所奋斗，如果这样是可行的话，我们为什么不这样做呢？我们可以通过写代码来实现这些。

如果说世界上能有什么事比发明网络还要困难，那就是推翻它！

2019 年 1 月在 EmTech China 全球新兴科技峰会中万维网之父、2016 年图灵奖获奖人、麻省理工学院教授 Tim Berners-Lee 发表演讲，指出互联网已经丧失最初的精神，长尾效应[①]已经失效。[②]

互联网的初衷是公开、开放，每个人可以创建网页，发表评论，展示创意，从而形成一个自由开放的社群。互联网的发展也曾带来一个非常重要的长尾效应。

比如在传统实体领域，企业如果把一个行业的公司按照知名度进行排名，曲线下降很快，排到 100 名左右的公司可能规模已经很小且难以生存。但是在互联网领域，曲线下降很慢，并非所有人都集中受雇于几个知名的公司，而是分散在一些中等规模公司，各个公司都有自己的生存空间。

然而，发展到今天，互联网头部效应明显，少数公司占据了主导甚至垄断地位，拿走了市场大部分份额，它们也决定了用户看什么，甚至决定了用户怎么思考、怎么行动。虽然每个人在互联网上产生了大量数据，但是这些数据被掌握在 BAT 这样的一些大公司手中，且数据与数据

---

①长尾效应：Long Tail Effect。“头”（head）和“尾”（tail）是两个统计学名词，正态曲线中间的突起部分叫“头”，两边相对平缓的部分叫“尾”。从人们需求的角度来看，大多数的需求会集中在头部，而这部分我们可以称之为流行。而分布在尾部的需求是个性化的、零散的、少量的需求，但是这部分差异化的、少量的需求会在需求曲线上面形成一条长长的“尾巴”，而所谓长尾效应就在于，将所有非流行的市场累加起来就会形成一个比流行市场还大的市场。

②Deep Tech 深科技 . 万维网之父演讲：30 年以来，世界是如何失去最初的互联网精神 [R/OL]. [2019-02-14]. https://zhidao.baidu.com/daily/view?id=150641.

之间是无法相连的，互联网数据被分割成一个个“数据孤岛”，这样的“数据孤岛”不仅让我们感到不便、无奈、不被尊重，也存在数据隐私问题。2018 年脸书和剑桥分析中心泄露大量用户数据便是一个明显的例子，这也进一步刺激了人们对数据隐私问题严重性的认知，人们开始了解掌控个人数据的重要性。

可以说，长尾效应失效的今天互联网发展正面临着两大挑战：

中心化，我们失去数据控制权。

错误信息在网络传播太过容易。

面对这两大挑战，Tim Berners-Lee 表示，人所拥有的力量是有创造性的，我们可以建造一些东西，它可以让我们理解他人，为共同的目标所奋斗，如果这样是可行的话，我们为什么不这样做呢？我们可以通过写代码来实现这些。他认为我们需要一项创新的新技术，一个真正新的系统来实现这样的改变。为此他带来的是万维的 Solid 项目。但是纵观当今的互联网发展局势，这个新技术更可能是区块链。

去中心化。区块链是基于对等网络的分布式核算和存储，不存在中心化的硬件或管理机构，没有一个节点可以控制或协调账本数据生成，依靠共识算法来共同维护，任意节点的权利和义务都是均等的。

数据真实可靠。在区块链上的整个交易过程中，所有的参与信息、行为都会保存一份完全相同的账本，一旦对账本数据进行修改，所有的副本数据很快就会做到同步，并且在这种分布式的技术特点中，每一笔交易都有一个独一无二的时间戳，无法造假。

基于区块链技术特点的通证经济会是这样的新系统：

Token 是价值的数字载体，任何个人、组织在链入区块链时可以持有 Token，将自己的各类权益数字化、资产化，在通证项目方搭建的交易平台中流通；

Token 持有人可同时作为用户和投资人，或者消费者和投资人，在不减少其他人权益的情况下，真正把蛋糕做大；

Token 是通证社区的有效激励手段。

也就是说，“区块链 +Token”的通证经济，能够更好地解决中心化的种种弊端，使中心平台及机构没有“作恶”的机会，关掉那些个别人、个别企业才有的“上帝视角”，让个人可以在分享数据的同时，兼顾保护或控制自己的数据，从而更加公平、公正地连接。而这样的改变让社群的任何一方都能拥有空前的参与感和成就感，真正持续性地与用户之间建立情感连接，实现彼此间的价值反哺，构建起真正实现互惠互利、互联互通、共生共治、共创共享的互联网社区。

人类社会经济的发展已经无法离开互联网，而通证经济则会改变今日这个信息不对称的互联网，在这样的变革中我们是学习者，是跟随者，是创新者，是变革者，还只是观望者？扮演不同的角色必然也相应地获得不同的结果。

因此，面对区块链和通证经济，请不要仅仅是“围观”或充满偏见，而是要像 1991 年图灵奖得主米尔纳所说：“Don’t lose the link（不要丢失连接）！”

连接当今互联网现状和发展趋势，认识到通证经济发展的必要性及潜在的风口特性。

连接数据，数据是你和用户的共同资产，不是你和你企业的独享资产。

连接用户，你和用户的关系不仅仅是卖和买的关系，更是价值互补的关系。

连接创业及企业发展，不要再摸着石头过河了，旁边有 Token 这座桥。

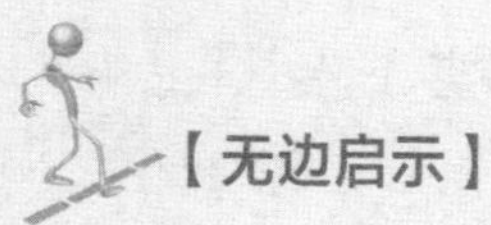

技术维新，你的企业有多大的技术承载力

任何企业对技术的追求都是一种“利我”的发展需求，要么为降低成本，要么为突破发展瓶颈，要么为改善营销推广……

那么，如果将AI、IoT、Token这三大热门技术结合，会带来什么呢？会出现什么样的场景呢？我们可以用一个公式来解释：

AI+IoT+Token=SI（超级智能，Super Intelligence）

我们将SI看作一个人，其中AI是大脑（计算、决策），IoT是感官（信息采集），Token是神经细胞（数据流通、交易），而它会深刻改变人类原来的组织模式、生产模式、管理模式，生活中的方方面面也会被卷入进来，人类社会将进入发展无边界的数字化时代。谁控制SI项目谁便很有可能获得决定性战略优势，从而拥有强大的技术能力，真正实现技术利我。

因此，要懂得对自己企业的技术承载力进行一次系统性评估和规划。

● 一次对话——要埋头做企业，更要抬头看世界，通过观察、感悟、对话、模仿等，对先进技术，特别是AI、

IoT、Token 这样具有巨大变革潜力的技术及未来技术发展趋势有着充分的了解和准确的预判。

● 一次学习——通过阅读、聆听、练习等将各种技术知识进一步内化为自己的知识，从而充分掌握其应用原理和方法。

● 一次描述——审视自身企业目前的技术特点，并用图表、模型、概念等形式将其直观描述出来。

● 一次嫁接——将自身所学习的新技术与目前企业所拥有的技术进行融合式设计、运用。

当然，目前你的企业也许还不需要涉及 AI、IoT、Token 这样的前沿技术，但是理念的学习永远需要先行一步。

CHAPTER 3 | 第三章

新逻辑，这个世界另有计划

从商业思维，到商业实体，到组织管理，到商业模式，到商业关系，我们的商业逻辑正在发生根本性改变，这是一种逐渐由内转外的无边界穿透，而其过程也是一种寻求合作共赢的“利他”思维发展过程……

BORDERLESS ECONOMY

01 一张图带来的思维冲击

◎ 美国实业家、科学家、社会活动家富兰克林表示:“思考”应当走到众人前面去,“愿望”不妨留在后面。

自从百度CEO李彦宏提出“互联网思维”后,它始终是一个热词,并几经发展、演绎,被赋予更多的新内涵,甚至在逻辑上形成了一套思维体系。

那么,互联网思维都包含什么?它们是如何演进的?如何作用于我们的企业?

曾有人用一张“互联网思维与经营关系理解模型”

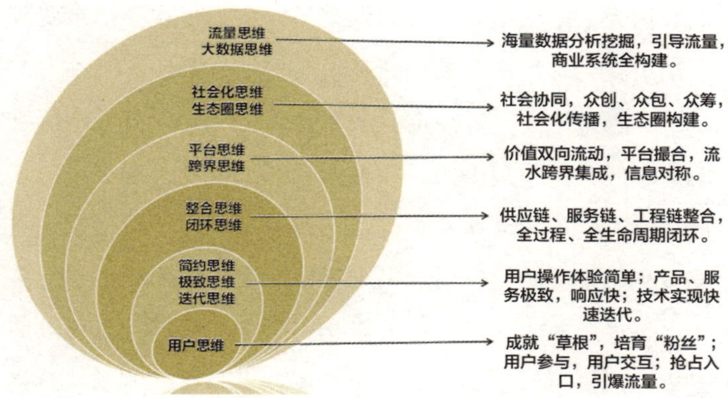

图3-1 互联网思维与经营关系理解模型

（见图 3-1），为我们直观展现了这套思维体系。[①]

用户思维是核心引爆点，然后从产品、服务，到产业链闭环建设、平台建设，再到生态建设，最终到大数据全构建，是一个由小到大，企业无边界的发展过程，对传统企业来说则意味“三无”颠覆。

企业无边界。资源整合、跨界发展、生态构建、数据流通，企业从靠自身资源求发展变为联合平台资源共享发展，逐步实现“互联网 +”。

交互无边界。数据正在逐渐成为我们的资产、价值载体、交流媒介，人们摆脱各种身份的限制，以数据沟通，

① 润吧云 CEO 严卫国．一张图看懂互联网思维背后的商业逻辑[R/OL]．[2019-02-14]．http://blog.sina.com.cn/s/blog_52f926120102vwad.html.

以数据为信用背书，以数据做交易，从有用才会记录变成了记录就会有用，交叉营销基于大数据分析。

供应无尺度。曾经企业依靠省代、市代、零售等层级渠道供应，是有尺度的，如按量生产、批发，现在用户从被动购买变成主动购买，购买渠道扁平化，不管是谁，需要多少，都要满足，已经很难有精准尺度去衡量。

面对众多的互联网思维概念和做法，我们可以用一种无边界思维进行概括，利用“互联网 +”将其演变、简化成一种“+”思维，同时，它会成为未来商业发展的一种模式。

对于“互联网 +”，我们的重点不应放在“互联网”上。互联网已经是一种必备的工具，是已经存在的客观事实，真正的重点应该放在“+”上，“+ 什么”才是核心，才决定了你企业的发展业态。因此，我们可以将无边界思维即“+”思维，简单总结为 3 个核心要点：

“+”思维的原点在用户。

“+”思维打开不同业务空间。

“+”思维依靠数据实现交互、交易。

“+”思维的原点在用户。流量从用户中来，简约、极致、迭代都是为了给用户最好的产品或服务体验，所有拓展的业务都以解决用户需求痛点为出发点……因此，用户会是无边界思维的原点。特别是在即将到来的通证经济时代，通证系统中用户节点式连接，激励式参与和进行信息、数据交互，用户才是数据的主人，也会是你企业的“主人”。有用户，有数据，有流量，就会有生意，这会是无边界经济的生意法则。

“+”思维打开不同业务空间。最简单的方式便是在原有的业务基础上，依照用户需求实现“业务 +”。比如，你是做工业污水治理工程的，那么就可以做“工程 +”模式：污水工程 +IoT 数据采集监测 + 通证系统排污权管理、交易 +……你是做土壤修复的，那就可以做“土壤 +”模式：土壤 + 主题公园 + 旅游 + 房地产 + 休闲养老 +……还有一种就是跨界“+”，比如你是做互联网的，那就可以做“互联网 +”模式：互联网 + 金融 + 养老 + 零售 +……“互联网 + 出行 + 旅游”，造就了携程、途牛；“互联网 + 私家车”，就出现了滴滴、优步；“互联网 + 金融”，就出现了花呗等互联网金融……

至于“+”思维依靠数据实现交互、交易，在本书的第二章中已经做了分析，这里不再赘述。需要强调的一点是，数据颠覆了我们曾经构建的关于信息获取、信息记忆、信息存储、信息交流的知识理论，很快我们不会再讲“网络移民”“网络原住民”或“互联网一代”，我们会讲“数据移民”“数据原住民”或“大数据一代”。与我们常在数据不足的情况下做决定不一样，“大数据一代”在面对决定、决策没有可参考数据时，会变得无所适从、不知所措、难以决定。

未来，我们将要面临的会是与以往任何时代都不一样的时代，如果你认为你的价值在于自己知道的多少，你就大错特错了，要不了多少年你的知识就不再有价值，你的价值真正所在之处是你能学多少，以及你对这个行业常常出现的改变的适应程度。所以，我们不要给自己的思维设置边界：

不是拥有哪一种思维才能成功，而要了解每一种思维背后的时代背景和商业逻辑。

传统经济时代思维会有变化，但是互联网变得更快，再大的企业，跟不上时代，一夜之间轰然倒塌也是有可能的。

我们应该像美国实业家、科学家、社会活动家富兰克林认为的那样："思考"应当走到众人前面去，"愿望"不妨留在后面。

02
企业是一个能力“集合体”

◎ 猎豹 CEO 傅盛表示，如果只用浅层的收入判断本质，那自己就不应该当 CEO。公司用收入考核现在的变化，就会失去真正的内在价值。

◎ 马云表示，现阶段是唤醒，然后是参与，接着是共同发展。所以你必须去思考，转型过来，他们的未来就是你的未来。

企业的本质是什么？

面对这个问题有人会引用百度上的答案：企业本质是一种资源配置的机制，企业与市场是两种可以互相替代的资源配置方式。

那么，你的企业的本质是什么？

此时，你会发现你很难套用上面的答案来回答这个具体问题，而针对这个问题闯入你脑中的第一个答案可能是“盈利”“获取财富的手段”等。

但是猎豹CEO傅盛在一次演讲中却表示，如果只用浅层的收入判断本质，那自己就不应该当CEO。公司用收入考核现在的变化，就会失去真正的内在价值。

如果企业的本质不是盈利，总该是发展业务吧？毕竟有了业务就有了一切。可惜一个产品总有它的生命周期，没有产品是长盛不衰的。宝洁这样的大公司，在年轻消费者的心中已经被定义成“妈妈的品牌”，2013年起，其全球销售额几乎停滞甚至下滑，2014年开始，宝洁缩减了100多个品牌寻求“瘦身转型”，甚至在2019年年初被爆从巴黎泛欧证券交易所除牌。傅盛认为：太多人没有深度思考的能力，常常会把最外面的一层——收入当成公司的本质；或者把第二层——业务当成公司的本质。

不是收入，不是业务，那应该是人吧。可是人是流动的，乔布斯离世后，苹果公司依然强盛运营。

其实，企业的本质是：

一群人聚集在一起共同完成一件事。

企业是一个独立的生命体，有其“共性”和“个性”。

这就好比看一个人，通常收入多少会是我们常用的衡量尺度，但是对一个人的价值判断如果仅仅与其财产价值画等号，那还有什么创新、奋斗、道德？同样，对于一个企业来说，想要获得如一个人一般的“共性”和“个性”，首先要意识到企业的本质是聚集一群人的能力去完成一件共同的事，其次要意识到企业应依靠基因、文化、精神、使命等因素使自己与众不同。

在一群人共同去完成一件事的过程中，会形成共同的认知、信赖和信仰，它们便会转化成企业发展基因，只要有这个基因在，企业便可以成长为一个独立的生命体。

一旦形成一个独立的生命体，企业便会自成长、自进化，逐步形成自己的基因、文化、精神、使命，会有自己的独特性，我们只是它的一个哺育者而已。

所以，认知企业本质时我们不能局限于营收、业务这样的框架之中，而是要打破框架边界，扩展到目标、文化等认知中。而互联网的发展，特别是通证经济的发展自商业组织 DAC 的出现，也逐渐在加强我们对企业这种模式的认知。

DAC，全称是 Distributed Autonomous Corporation，曾被翻译为分布式自治系统，就是通过一系列公开公正的规则，在无人干预和管理的情况下自主运行的组织系统。

有人将 DAC 概念做了延伸，将其定义为自商业公司。但是它又与我们传统的企业不一样，它有 3 个核心要素：

区块链，构建制度、规则，不依赖人而自行组织运行，也可以看作 DAC 基因形成的基础；

Token，设计经济激励模型，完善分配机制，注入共享共荣的使命感；

社区，DAC 组织形式，聚集一群有共同信仰的人共同去完成一件事，从而让 DAC 成长为完全自治的生命体。

DAC 虽然是去中心化的商业自治，但是其建立的过程却是中心化的。

其实 DAC 带给我们企业最大的启示是：

依靠共同的信仰、目标或一套共识机制，去中心化启动。企业去中心化社区式运营，形成社区制度和文化，服务社区成员，从而实现自身价值和使命。

因此，对传统企业来说这是一种新的企业形式，一次商业组织形式和组织生态的改革（关于 DAC 的构建及意义将在下文中详细介绍），其中互联网平台因其技术特点，以用户为核心的商业模式，相比传统企业，更容易建立或转化为 DAC。

当然，DAC 目前尚处于萌芽阶段，但是其带来的启发是极具颠覆性的，已经有人开始深入探讨、研究。

因此，对于商业的实体——企业，我们应该开始重新思考和定义，对其认知不深刻，自然会“摸不着头脑”，这会是很多企业形成一定规模后发展无以为继的最大的思维瓶颈。

03

组织管理：公司制的是与非

◎ 美国管理学家弗雷德里克 · 温斯洛 · 泰勒在《科学管理原理》一书中指出：资方和工人的紧密、亲切和个人之间的合作，是现代科学或责任管理的精髓。

◎《长尾理论》作者克里斯 · 安德森表示：20 世纪的合作模式是企业模式，企业雇用员工，人们在同一个屋顶下为了某个大目标而工作。21 世纪的合作模式就没有那么正式了。它是关于社群的。有些创意永远不会成为产业，有些社群永远不会成为公司，但是关键在于我们现在有了 21 世纪合作创新模式的替代品。

当我们对企业有了一个根本性的转变认知后，必然要重新审视当前企业的组织管理制度。

现代企业组织管理的规范始于18世纪初期美国古典管理学家弗雷德里克·温斯洛·泰勒提倡的“科学管理”。他在《科学管理原理》一书中指出：资方和工人的紧密、亲切和个人之间的合作，是现代科学或责任管理的精髓。泰勒从工厂管理入手，将管理职能和执行职能分开，进行标准化管理，适应了工业革命和大机器生产的需求，打下了现代企业组织管理基础。然后经法约尔、巴纳德等管理学家和斯隆等企业家的不断完善和创新，形成了现代组织管理体系，其中有3个关键因素。

角色清晰。每个人都有一个职位，每个人都接受自己的职位，并按照职位规范去履行职责，就像卓别林《摩登时代》那样，员工是变相的螺丝钉，是一个组织机器的一小部分，同时员工与管理者之间有着明显边界。

专业化。任务被职位细分，专业自然随着产生或得到促进，因此财务、人力资源、研发、库管等都成为独立的公司部门。

控制。有了这些专业化职位，管理层的一个主要任务便是控制每个人的工作，以确保他们以正确的顺序在正确的时间做正确的事情。

立足于这3个关键因素，管理者讨论的问题是这些：需要多少管理层级？不同的管理层级应该有怎样的权限？集权与分权之间的最佳平衡是什么？如何描述和界定每一个职位并确定合理薪酬水平？如何组建工作场所……

确实，公司制对社会经济的发展起到了巨大的引领作用，当今世界的发展也离不开公司制的推波助澜，但是随着公司制的不断深入，其中的弊端也逐渐凸显，比如垄断、信息占用、资源占用、分配不均等，这往往是中心化组织体系的共同问题。再加上个人之间的不信任、信息不对等因素，公司往往承担了“中介”的角色，看似降低了个人的获取成本，实则增加了个人的转换成本，同时降低了个人与个人之间直接的信息资源转换效率。

互联网发展，高速信息处理、即时通信、共享式合作、知本创业、通证转型……这些都对公司制产生了极大的冲击：

信息传播由企业层级式的“上传下达”变成了在线“即时共享”，沟通成本下降，沟通效率提高。

多变的市场环境，组织需要快速、灵活应对，员工需要完成多重任务，不断学习新技能，以便随时适应新环境、解决新问题。

个体价值开始与组织价值对等，个人通过互联网便可有效进行资源整合，且方式多样化，整合资源的体量也在快速增加，只要条件成熟，个人不依靠组织就可以快速聚拢庞大的资源进行产业化培育。

从线性到平面，互联网不仅改变了人们协作形式，更改变了资源的组合方式，比如众筹解决了高科技创业初次融资和出资者的参与问题，开源社区[①]让特定的人群像蜜蜂一样自组织地协作，组织和管理成本趋近于零。

企业和组织边界被打破，情况就像《长尾理论》作者克里斯·安德森说的那样：20 世纪的合作模式是企业模式，企业雇用员工，人们在同一个屋顶下为了某个大目标而工作。21 世纪的合作模式就没有那么正式了。它是关于社群的。有些创意永远不会成为产业，有些社群永远不会成为公司，但是关键在于我们现在有了 21 世纪合作创新模式的替代品。

而上文提到的 DAC 或许可以成为一种选择，它具备六大优势：

重构协作方式。区块链技术使组织由人治变为自治，各参与者之间平等地相互协作，利用自身的优势获取 Token，进而产生一个生态闭环。

组织边界灵活。依靠智能合约、数字算法、数字化沟通等，系统中的成员可快速做出反应、决策，且开源、开放的特点不限时间、地点，人人都可参与。

高效的激励机制。治理来自共识，而共识来自对

① 开源社区：又称开放源代码社区，一般由拥有共同兴趣爱好的人所组成，根据相应的开源软件许可证协议公布软件源代码的网络平台，同时为网络成员提供一个自由学习交流的空间。由于开放源码软件主要被散布在全世界的编程者所开发，开源社区就成了他们沟通交流的必要途径，开源社区在推动开源软件发展的过程中起着巨大的作用。

Token 价值的认可，有了广泛的共识就会有自强自律，逐步推动社群持续繁荣。

最大化资源整合。共识驱动，Token 激励，全面革新了参与者的利益，快速促进资源整合、流通。

重塑生产关系。通证系统之中，每个参与者参与组织建设、项目协作创造价值，系统的不断完善、生态的不断繁荣促使更多的参与者进入，推动通证的价值增值，参与者可以共享价值带来的增值。

降低信任成本。区块链去信任化特点，可以让陌生人之间快速建立信任关系。

DAC 也打破了常见的 4 种组织边界：

不同人员等级之间的垂直边界。

不同职能和不同领域之间的水平边界。

组织与其他供应商、客户以及监管者之间的外部边界。

不同场所、不同文化以及不同市场之间的地理边界。

当然，除了 DAC，商业书籍的作者已经描绘了许许多多的类似组织，并宣告一种“新型组织”的兴起且赋予了其很多名称，比如虚拟组织、网络组织、混沌组织、自组织、扁平化组织、流程重构组织等，不一而足。

然而，这些所有不同的描述，理论和实践背后潜藏着同一个深层次的转化动因——无边界组织出现，这让这些所有新型组织的实现成为可能。因此，笔者在此不是为了介绍一种新型组织，而是要让大家认识到这些组织背后的无边界体系，罗列出它们的潜在假定、带来的行为变化及能够促成的结果。

04

旧有模式重启更新

◎ 彼得·德鲁克认为：今天企业的竞争已经不是产品的竞争，而是商业模式之间的竞争。

◎ 央视纪录片《互联网时代》中有这样一句话："时代性的困境都是一样的，时代性的机遇则各有各的不同。"

不管是企业的认知更新还是组织方式的迭代，最终都需要一套合理、可靠的商业模式进行实践。

商业模式是一个企业满足消费者需求的系统，能够有效调配企业的输入变量和输出变量，从而使企业具有自己能够复制而别人不能复制，或者在自己的复制中占据市场优势地位的特性，其重要性不言而喻。

输入变量：资金、原材料、人力资源、作业方式、销售方式、信息、品牌和知识产权、企业所处的环境、创新力等各种企业资源。

输出变量：消费者无法自我满足必须购买的产品和服务。

人类最古老也最基本的商业模式是“店铺模式”，就是在人群密集处或具有潜在消费者的地方开设店铺提供产品和服务。随着时代的进步，商业模式也变得越来越精巧，如出现在20世纪早期的“剃刀模式[①]”“搭售模式”，这些模式也都是建立在以产品或服务为中心的基础上。

然而，一个以产品为中心的时代坍塌了，一个以消费者为中心的时代正在到来，商业模式不断迭代创新，比如共享模式、降维打击、体验式营销、社交电商、数字化营销……商业模式的迭代创新速度也在加快。

也许产品过剩、生产要素改变、竞争激烈、全球化、数字化，让我们有着相同的时代困境，但是正如央视纪录片《互联网时代》中的那句话一样，“时代性的困境都是一样的，时代性的机遇各有各的不同”。而这样的机遇最为直接的体现便是商业模式的迭代创新。

比如，在美国有2300万家小企业，每个月还会新

① 剃刀模式：一种商业经营模式，采用分离价格销售产品，对同一产品的一部分低价处理，对另一部分高价出售。

增 54.3 万家小企业，它们想要脱颖而出并取得成功，不仅需要有独一无二的价值主张，还需要有多元化的收入渠道及充足、强大的创造力，也就是说，需要一个创新性的商业模式。其中有 17 家独特的公司，它们的商业模式已经得到了市场的验证。如果对这些成功的小企业详细了解，会发现其中各有诀窍。它们的发展充分体现着当今时代的特点。

Sitich Fix，通过智能数据开发产品，提供真正个性化的零售体验，且价格优惠。

Warby Parker，去中介，从电子商务起步发展为新零售，增添时尚、社交元素，改变了奢侈的眼镜购物方式。

Zady，透明化销售，用产品故事告知购买者衣服的制造地以及设计的相关背景信息。

Handybook，移动 App（手机软件）提供定制化家政服务，方便才是关键。

Popsugar，内容驱动，为女性提供一站式服务，打造多元化共生的收入流。

NatureBox，按月订购健康零食，一种全新的订购服务。

Serengetee，自筹资金，开创了动机导向的服装销售新模式，而且有一批校园销售代表支持，把自己打造成为一个个性化，并且关注社会的企业。

Airbnb（爱彼迎），分享就是关怀，P2P（个人对个人）模式帮助消费者省了一笔钱，也帮业主赚到了钱，为旅行者提供了一个更加真实的本地体验。

……[1]

这些公司大多成立于2010年左右，且都闯出了各自的一番小天地，如Warby Parker圈子里的科技记者们都拿Warby Parker做例子，一提到某个传统行业，就会说，要做某行业的Warby Parker；Handybook在全美26个城市提供服务，募集到了3000万美元资金，每周Handybook的预定数量都超过1万次；Popsugar现在已经成了一个全球生活方式品牌，网站每月有4100万次独立访问量，以及2.34亿次页面访问量……

当然，除了模式创新，还有“微设计”。

比如餐饮的商业模式，最早是单店模式，后来出现了具有杠杆效应的连锁模式：前端标准化，后台服务能力提升。连锁模式极大提升了餐饮企业的价值。然而发展到现在，依靠外卖平台和移动支付技术，除了“外卖模式”，结合当前人们的生活习惯，一方面人们更为讲究食品营养、安全，另一方面很多人不喜欢炒菜做饭是因为炒菜之前需要买菜、洗菜、切菜等一系列准备动作，于是有一家餐饮店便利用不是饭点的“休闲时间”为顾客推出“准成品”服务，就是备齐原材料和调料，让顾客只做最后一道

① 品牌观察．国外最牛逼的17种商业模式[R/OL].[2019-03-12].http://www.sohu.com/a/230234151_114844.

工序简单翻炒，既满足顾客的需求，又提高了自身员工、材料的利用率。

当然，每个商业模式都有自己的特点，我们很难直接套用到自己的企业中，但是我们可以去理解商业模式背后的逻辑。从这些创新的商业模式中，我们可以看到商业模式与时代有关，商业模式的改变背后有着时代驱动的力量，以上案例中的商业模式几乎都涉及共享、众筹、新零售、产品体验、数字化、附加值、社交等当今时代极为热门的“时代元素”，其有 5 个特点。

一是社交化。

二是顺从人性（消费升级）。

三是即需即供（时效性）。

四是使用权定价。

五是充分利用技术杠杆（技术变革）。

由于社交化、消费升级、时效性、使用权定价、技术变革这 5 个力量的推动，模式的变革也并非创新型企业的专利，越是传统的企业越有机会实现革新。但是单一模式容易被这几个力量所制约，一个好的商业模式，用不了几年又要改变，所以对模式进行迭代、进化很重要。

同时，这 5 个力量已经不局限于某一行业，而是一种普遍的“时代现象”，其运用是无边界的。套用彼得 · 德鲁克的话：“今天企业的竞争已经不是产品的竞争，而是商业模式之间的竞争。”“今天商业模式的竞争已经不是行业间的竞争，而是立足时代特点的无边界竞争。”

因此，我们要有两个决策体系：

一个是以技术为中心的“理想体系”，可以不必深入研究技术，但一定要去了解与行业有关的技术有哪些。

另一个是以用户需求为中心的“现实体系”，深入研究用户、了解用户，始终以用户需求为模式变革的驱动力。

05

商业四大关系重新连接

◎ 沃尔玛公司总裁萨姆·沃尔顿表示：沟通是管理的浓缩。

◎ 约翰·D. 洛克菲勒认为：建立在商业业务的友谊远比建立在友谊上的商业业务来得好。

不管是从企业实体、管理，还是模式、关系都已经开始向无边界转化，但是缔造无边界经济并不是要一股脑地清除所有边界，那是不切实际的。且边界的存在有着其自身的合理性，边界让不同的事物保持专注和独特，没有边界，没有任务差别，企业管理会陷入混乱；没有了资源和能力的协调，企业发展就会没有方向……

用一个通俗的比喻，企业就像一个细胞，边界就是细胞膜，细胞膜的存在保证了一个细胞的外形和轮廓，让结构有足够的强度，可以防止细胞崩溃为一团杂乱的物质，且本身是可以穿透的，养料、氧等物质可以相对不受阻碍地穿透细胞膜。而无边界发展就是细胞膜变薄甚至变透明，从而更具可穿透性特点，更为便捷地输送营养物质，能为整个细胞的成长、裂变提供极大的助力，让细胞更好地在整个生物体中发挥作用。

因此无边界发展，不是将边界作为障碍或顽疾，而是立足当今时代的特点，研究如何让边界具有更大的"穿透性"，让信息、资源、创意快速而轻易地穿透企业的方方面面，让企业成为一个整体，能够更有效运转。

如果说实体、管理、模式是企业边界的"透明化"，无边界发展将以何种路径进行边界穿透呢？

商业四大基础关系的无边界变革，正在改变我们的"沟通"和"输送"方式：

缔造与用户的新关系。

缔造与员工的新关系。

缔造与同盟、伙伴的新关系。

缔造与时空的新关系。

与用户的关系，一直是商业关系中最为核心的。曾经在用户关系中我们一直存在这样的问题：

生产者和消费者之间的供应链太长；

用户反馈信息经过很长时间才能到决策者处；

用户没有有效的途径与企业相关部门建立起有效的联系……

新技术的发展，已经可以让各个企业有可能做到（事实上，是要求企业做到）：以一种更加个人化、无处不在、实时、始终如一的方式与用户互动；用户的反馈、建议、投诉和评论随时都可以获得；用户能够直接参与产品、服务本身的设计，以便产品、服务更贴近自身需求；甚至赋予用户股东、合作者、销售者这样的新身份。

比如在通证系统中，用户可以通过持有 Token 成为企业的股东，通过 Token 实时表达自己的意愿，通过 Token 验证、检验整个生产过程、参与企业的分配等。在不触及隐私的情况下，企业了解到用户的偏好、消费风格、生活方式要求等，因此营销更有针对性，产品、服务可以更精准地瞄准潜在用户，企业甚至与用户分红，从而与用户的关系发展为终身关系。

企业与用户之间的边界已经变得越来越容易穿透，同样企业与员工之间也是如此。这一点前文中已经做了分析，需要强调的是随着个人价值的崛起，在各个层次上希望能对公司的关键决策有发言权的员工越来越多，尤其是在服务行业、知识产业以及技术行业，很多员工自认为是支持公司并有权利获知相关信息的自由代理人或志愿者，而不仅仅是以劳动来换取报酬的雇员。权利的心理天平已经微妙地从雇主一边倒向了雇员一边。这种心态加上“人才争夺战”，管理者与员工的关系开始从基于控制的关系向基于信任的关系转变，企业与员工的关系从雇用关系向赋能关系转变。

至于缔造与同盟、伙伴的新关系，与以往强调垂直整合不一样，当今商业更注重产业链的创造。所以在过去的几年中，我们见证了很多企业的收购、剥离、合资、外包以及联盟等行业间的风云变幻。一方面很多公司认识到必须专注核心竞争力和重要使命，不断"瘦身"，如很多汽车企业抛弃或剥离零件制造部门，催生了伟世通、美驰、德尔福等新汽配公司，并与这些新公司形成汽车产业链；另一方面一旦公司确立重要使命，就要通过收购相似的公司来争取达到核心竞争力的规模效应，如美驰收购沃尔沃车轴业务，制药公司辉瑞收购华纳—兰伯特等。与此同时，规模效应的形成几乎一直与联盟的扩散密不可分，因为联盟可以提供企业不存在的机会、能力、创新等。如辉瑞与葛兰素史克、史克必成，每年都与外部伙伴之间有着数百次的研发合作、临床试验安排、共同市场开拓等，而互联网技术的电子协作工具更是推动这些合作成为趋势。

总之，不管是剥离、合并还是联盟，都在要求企业在相应的产业链中管理得当、通力协作、不断进化，甚至跨链发展，而这种进化、发展离开跨越边界的有效对话是无法实现的。

缔造与时空的新关系很好理解。如今商务活动可以随时随地发生，汽车、家、餐馆、市场以及街道的各个角落，全都可以被商务活动所触及，加之全球化进程加速，曾经商业中的时间和空间限制因素可能被彻底消除。这种随时随地的沟通让几乎所有的边界变得更容易穿透。

商业从来都是理性的，商业关系更应如此：

它应该是立足企业发展的企业养料的输送渠道。

它应该是充分体现时代发展趋势的连接通道。

这种新关系的缔造使得“无边界”不再仅仅是一个“有则更好”的条件，而是变成了当今乃至未来取得成功的一个必要条件。

【无边启示】

把这一切综合起来，你的企业能走多远

当企业由内而外地开始突破边界发展时，我们必然要从全新的视角——无边界视角系统性、整体性审视目前自身的商业系统建设。

那么如何做到系统性、整体性？

- 一个思维——你对互联网思维的理解和运用情况如何？停留在什么阶段？对企业的实体你曾有过怎样的思考和认知？这样的思考、认知符合当今时代的发展趋势吗？

- 一套管理——目前你的企业采用何种组织形式？这样的组织管理存在什么弊端？能够进行迭代改善吗？切入点在哪里？

- 一个模式——目前你的商业模式是什么？有何利弊？你可以借鉴当今什么样的创新式商业模式进行改造升级？

- 一组关系——你与用户、员工、同盟、合作伙伴之间的关系如何？你是如何经营这些关系的？有什么方法和渠道让彼此建立起“终身关系”？

提醒一点：以用户为中心，商业关系的变革，决定了企业的“利他”色彩，因此想要长远发展，不要局限于眼前的自身利益，而是要立足于用户、员工、合作伙

伴、同盟等共同的利益寻求发展，正所谓“得道多助，失道寡助”。

CHAPTER 4 | 第四章

价值的创造、转化与实现

曾经，企业的目的在于盈利，企业的价值在于企业所拥有的资产；现在“无边界资产”越来越重要，企业的目的从独自盈利向价值创造转变，企业的价值则在于通过数据共享等方式实现“利众”式资产、财富升值、创新。

BORDERLESS ECONOMY

01

资产“瘦身”，财富“变身”

◎ 2013 年，宋秩铭表示：品牌数字资产榜，探讨在数字媒体生态中，消费者到底如何接触、消化、认知和看待品牌，这是一套适合当今时代的品牌资产量化方法。

◎ 美国共同基金之父罗伊·纽伯格说：“我明白金钱可以使这个世界运转，但我不相信金钱；我知道艺术无法使这个世界运转，但我相信艺术。”

对于资产的理解，一般人仅仅局限于货币、存货、固定资产、无形资产、商誉等。同时，按照传统的财务报表分析理论，资产和对应资产收益决定了一个企业的利润。

自从进入互联网经济时代，我们发现之前的很多理论都不成立了，资产发生了三大颠覆：

巨头企业纷纷走上“资产瘦身”之路，轻资产战略聚焦优势产业及新兴产业。

“暗物质资产”开始显现，并越来越被人重视。

新的资产评估方式诞生。

2016 年，万达集团资产一度近 8000 亿元，2017 年约为 7000 亿元，而到了 2018 年因资产转让因素，企业资产 6257.3 亿元，同比下降 11.5%，“缩水”约 742.7 亿元。从“买买买”转变到“卖卖卖”，提速“去地产化”之后，如今万达转型已经初显轮廓。对此王健林表示，近年来万达推进“轻资产战略”聚焦优势产业，对一些非优势产业采取了退出“瘦身”的策略，但万达不是放弃发展新兴产业，对于非传统产业、科技含量高、又被看好的新兴产业，万达还是要进入，而且全力推进。

与此同时，无法体现在企业财务报表中的“暗物质资产”正在被人青睐。

亚马逊，常年不盈利，但是市场估值却非常高，而这根本无法通过财务报表理论来自圆其说。还有一些互联网公司，最开始根本不盈利，甚至一直亏损，比如京东，但估值就是一直很高。为什么？因为存在“暗物质资产”。

“暗物质”相信大家并不陌生，它无法直接探测到，但可能真实存在，资产也是如此，有些资产你无法触摸无法实际拥有，但它就是存在。比如你手中的海量数据，你优秀的技术、管理才能、创意等，这些在商业上都具有巨大的价值，却无法体现在财务报表中。如今这些“暗物质资产”的作用正在逐渐被人认知和挖掘。

近年来“暗物质资产”的“显化”，加之互联网技术对商业变革的推波助澜，企业开始资产数字化重新评估。

百度早在2013年的百度Moments商业峰会上发布“中国首个品牌数字资产榜”，该榜单提出“品牌数字资产”的概念，基于互联网大数据从多个维度评估品牌在数字领域的表现。

其生发逻辑如下：

数字经济时代，消费者根据头脑中的、基于个人经验的品牌印象，做相应的购买决策。

数字经济时代，信息更易获得，人们不再将所有信息存储于大脑，而是更多地通过互联网实时获取。

决策时，消费者不再仅仅依靠大脑中的有限知识和印象，而更多地通过互联网进行辅助，品牌对于消费者来说，已存在于大脑以及可快速连接的互联网“外脑”中，消费者有能力快速连接互联网，并综合自己的经验迅速形成对品牌的判断。

结论：品牌应重新定义为“消费者意识中的感知与互联网活跃内容的集合”。所谓“数字资产”，就是“互联网活跃内容的集合”。

百度的“品牌数字资产”依靠2个维度和5个指标进

行计算。

2个维度：

信息库存量，互联网外脑上与品牌相关的正面信息量。

连接活跃度，消费者有效连接品牌信息库存的强度。

5个指标：

数字内容量，品牌在互联网上可检索到的全部内容量。

好感度，所有信息量中正面信息所占的百分比。

关注度，消费者与品牌内容的连接次数。

参与度，平均的连接强度，百度在此采用的是人均搜索次数。

联想度，连接的质量，消费者在决策过程中可能会与多个品牌进行连接，在决策过程中，越是优先出现的连接质量越高。

计算公式是：

信息库存量 = 数字内容量 × 好感度（%）

连接活跃度 = 关注度 × 参与度 × 联想度[①]

对于这样的评估，宋秩铭表示：品牌数字资产榜，探讨在数字媒体生态中，消费者到底如何接触、消化、认知和看待品牌，这是一套适合当今时代的品牌资产量化方法。

---

①admin. 百度MOMENTS营销盛典：中国首个品牌数字资产榜发布[R/OL]. [2019-03-12]. https://www.chinapp.com/video/20984/2.

其实，百度的这个做法本质上是用大数据量化品牌影响力，挖掘品牌的“隐性”资产价值，然而，让人们真正意识到数据即资产的是依托区块链的真正数字资产的诞生，我们也进入了财富“变身”的阶段。

或许你还记得互联网发展初期“别针换别墅”的传奇故事：2005 年，一个 25 岁的美国青年麦克唐纳用一枚红色曲别针多次交换后最终获得了一个别墅一年的居住权。同样当比特币出现的时候，也出现了一个“一币一别墅”的传奇说法。不过此时的“数字资产”仅仅局限于数字加密货币，且很多都是 ICO（首次币发行）式的“割韭菜”行为，存在巨大泡沫。直到通证经济出现，人们才将数字资产真正与企业各类资产建立关系，更诞生出一种新兴的财富形式：

Token 是数字权益证明，它可以将我们现有的资产如股份、产品乃至数据、创造力、创新力等数字化。

那么，在由通证经济构建起的数字资产新领域中，有什么新逻辑、新玩法？《全球区块链产业全景与趋势报告（2018 年上半年）》中总结了可能影响市场的 6 大逻辑：

渗透逻辑，加密金融向传统金融渗透。

应用逻辑，市场将由“场景 + 区块链”的升级逻辑引领。

并购逻辑，将出现更多数字资产对互联网流量级应用的并购，让优质应用在上链赋能的同时实现数字资产退出。

用户逻辑，用户数量继续增加，且将有更多二级市场机构进场。

代际逻辑和性别逻辑，用户平均年龄由青年转向中年，女性比例有望进一步提高。

基于这 6 大逻辑，数字资产发展将有如下 3 大趋势：

由投资驱动转向“投资 + 实用”。目前大部分数字资产的市值主要反映的是未来预期的折现，但是随着 DApp[①] 生态的成熟，数字资产使用需求会增加。

各种场景的使用需求将会越来越多地被通证化为数字资产，并反映到市场价值中。

使用型需求增加及 DApp、通证系统之间的交互越来越多，将让数字资产之间的流通更为频繁。

未来当我们谈论资产和财富时，一定绕不过数字资产，它是一种将“金钱”（资产、资源）与“艺术”（能力、权益数字化拥有、流通）融合的资产、财富新形式，并且不被企业独享，不以企业为中心。它将被赋予系统中的每一个人，其重要性将有可能颠覆当前的传统资产形式：

真正有价值的资产不只是当前摸得着看得见的实物，还有看不见的可流通的“数据”。数据化程度越高，企业

① DApp：类似 App 的一种客户端去中心化应用。DApp 直接和区块链技术挂钩，和交易数据、交易资产有关联，随着区块链技术越来越成熟普及，DApp 将越来越受重视，并更多地出现在各个生活场景中。

越容易实现轻资产操作。

一个人的富有程度不再只以金钱及固定资产来衡量，还可以以他所持有的可交易的“权益”来衡量，彻底释放个人价值。

02
无边界流转

◎ 犹太名言:“充分发挥每一分钱的最大效用”“赚钱不难，花钱不易”。

◎ 巴菲特表示：在拖拉机问世的时候做一匹马，或在汽车问世的时候做一名铁匠，都不是一件有趣的事情。

“暗物质资产”越来越受到重视，当这一切改变了资产的形式和我们以往对它的理解，必然深刻地作用于我们的行为。其中影响比较大且正在成为主流趋势的是“资产上链”。

资产上链是基于区块链技术的资产登记、交换、流转，统称资产上链。它是将物理世界的实物资产以及产生于网络的数字资产映射到区块链上。

区块链自身具有五大特性：

去中心化。无须第三方介入，实现人与人点对点交易和互动。

去信任化。以智能合约的形式，自动、安全地交换数据，任何人为的干预都不起作用，消解了传统信任机制的信任隐患。

信息不可篡改。数据信息一旦被写入区块中就不能更改或撤销。

公开透明。极短时间内，区块信息会被复制到网络中的所有区块，实现全网数据同步，每个节点都能回溯交易双方过去的所有交易信息。

集体维护性。在整个通证系统中，任何人都可以充当保护者，共同维护整个区块链信息的可靠和安全。

正是这五大特性，赋予了我们从另一个视角来打开新的资产世界的机会，满足了当今资产所面临的四大需求：

资产流通的需要。

资产管理的需要。

资产安全的需要。

资产上链的需要。

传统资产流通手续烦琐，流通效率低。比如抵押贷款，前期要提供一系列的证明文件，需要一系列的手续，才能登记到中介机构上。等到交易阶段，还有一系列签名，工作量非常大。由于环节多、手续烦琐，严重影响了资产流通的效率，特别是一些重资产的厂房设备等由于不好分割，更加不容易流通。如果能通过技术手段，令资产流通起来更加方便、快捷、安全，尤其是一些不好分割的资产，从而加快资产的流通变现，那么就能创造经济价值。

传统资产管理存在一个很大的问题：信息不对称，信任成本高。往往中介机构掌握大量的不对称资源，在交易、议价等环节中拥有不对称优势。这让资产持有者、未来购买者始终处于弱势地位，由此带来很多问题，特别是信任问题。正是由于信息不公开、不透明，大家普遍对中介资管机构缺乏信任，沟通和信任成本很高。而区块链本身是去信任化的，避免了信息不对称的风险，代码比人性更可靠，信任成本大幅度降低。

传统资产存在很大的安全风险隐患，人性是逐利的，面对巨大的利益诱惑，资管机构和资管人侵吞、盘剥客户资产的事情早已不新鲜，资管人的道德风险一直是悬在我们头上的“达摩克利斯之剑”。新的技术降低了部分风险，能自动避免一些纠纷，且这样的交易真实可靠、不可篡改，能较好地保障资产的安全。

过去，我们的知识、创意、个人数据往往因为缺少有效确权手段而失去价值，不能很好地转化为资产，若将资产通证化成为数字资产，则便于分割、交易。

对于“经济”有一个标准概念：经济是价值的创造、转化与实现；人类经济活动就是创造、转化、实现价值，满足人类物质文化生活需要的活动。简单理解，经济就是对物资的管理，是对人们生产、使用、处理、分配一切物资这一整体动态现象的总称，而资产管理是对这一动态现象最重要的体现，世界上一切的资产都是相对流动的，因此资产也只有在流通和交易中才能产生价值。而通证经济赋予了资产有效、安全的流通、交易手段。因此实现资产价值需要达到资产上链的 3 个层次。

第 1 层次，把资产登记到区块链上（这是所有资产上链都必须要经历的一个过程）。

第 2 层次，利用区块链进行分布式记账与跨系统结算。

第 3 层次，资产通证化，以便更好地分割、分配、流通交易。

大部分传统产业的资产都可以转化为资产模式的 Token，一般也需要借鉴金融的结构化设计，包括锁定、增信、隔离等金融产品设计流程。通证化的过程可以分为“固化”“液化”“汽化”3 个发展阶段，且在不同阶段有不同的重要挑战：

固化阶段，资产权益化阶段，也就是变成 Token，拥有权益证明，关键挑战在于 Token 与现实世界资产保持真实有效的连接。

液化阶段，资产证券化阶段，也就是将 Token 流通、交易，这里有两个核心问题，信息透明度和资产分离。

汽化阶段，也就是不依赖于中央登记结算，在合法监管条件下实现资产自身掌握、交易、流转。

总而言之，资产通证化，以 Token 承载资产的价值和数据，通过合理的系统设计，将 Token 功能最大程度释放（Token 关乎价值的创造、转化与实现，与人类的生产、交换、储蓄、分配的各项活动有关），打破传统资产的流通、扩展、交易限制，从而实现资产低摩擦、无边界的交易流通，在降低流动性风险的同时回笼资金、盘活分散的存量资产。

我们要明白：

事实上，不管是物质还是资产都是一样的，只有在流通中才能产生价值。

通证经济正在赋予我们一个资产无边界流通的市场平台，将会惠及我们每一个人，虽然它才刚刚起步。

03

变现不再是唯一的盈利手段

◎ 李嘉诚说：“如果在竞争中，你输了，那么你输在时间；反之，你赢了，也赢在时间。”

◎ 恩格斯评价文艺复兴时表示：这是一次人类从来没有经历过的最伟大、最进步的变革，是一个需要巨人而且产生了巨人——在思维能力、热情和性格方面，在多才多艺和学识渊博方面的巨人的时代。

不管是创业领域，还是投资领域，一直流传着李嘉诚的一句经典名言：如果在竞争中，你输了，那么你输在时间；反之，你赢了，也赢在时间。

对此，从创业者角度的解读是：时间起着决定性作用，输在花的时间短，赢在花的时间长。从投资者角度的解读是：时间就是财富，理财要尽早，否则财富将随着年龄的增大而流失。当今时代，信息化、多元化发展，需要我们对这句话重新解读——“如果在竞争中，你赢了，那么赢在时间；后来，你输了，也输在时间”。

赢在时间。风口意识强，能够及时把握机会。

输在时间。功利性强，一味追求变现，无法沉下心来做价值、做影响力、做贡献力。

现在的创业者、投资者也比以往任何时候的创业者、投资者更注重风口，更具有敏锐的趋势洞察力和强大的行动能力，在机遇的把握上往往能够占据先机，先打开局面。然而，因其以变现为唯一目标，往往也导致了创业或投资“英年早逝”。

比如 ICO，当区块链创造了新的金融逻辑，出现了新的资产操作模式后，有人疯狂了，策划了各种 ICO 项目，大玩空气币、山寨币。有平台统计数据显示，已经有超过 1000 个 ICO 项目失败[①]。

这样的一场变相的资产狂欢，很多不过是炒作区块链、通证经济概念，行非法集资、传销、诈骗之实，实质是“借新还旧”的庞氏骗局，资金运转难以长期维系，不仅无法给我们的社会、商业环境带来任何的发展红利，甚至扰乱了金融秩序，影响社会稳定。所以国家才会严厉打击。

① 新浪科技综合．普华永道：2018 年前 5 月 ICO 规模已是去年全年两倍 [R/OL]. [2019-03-12]. https://tech.sina.com.cn/i/2018-07-02/doc-ihespqry6031719.shtml.

与ICO相反，巨头企业纷纷开始布局区块链，如微软启动“区块链即服务（BaaS）”计划，航运巨头马士基推出区块链跨境供应链项目，沃尔玛、Tyson(泰森食品)、联合利华、雀巢、克罗格、Dole（都乐）、Mccormick（味好美）等品牌联合测试区块链项目PILOT……而在这些区块链项目中，根本没有提到什么盈利模式，这些项目的发展也不以变现为目的，我们可以将其目的概括为3点。

赢在时间。布局区块链、获得通证经济的发展先机。

赢在“入口”。以更优质的产品和服务，打造更好的数据、流量入口，形成网络规模效应，拥有强大的影响力。

赢在共享。开放资源，承担企业社会责任，为社会、行业、用户搭建一个良性发展平台。

从另一个角度思考，这些巨头企业的做法本质上是运用新技术、新模式进行的对流量、数据的新一轮争夺，只是在这个过程中，它们并不心急，花时间沉下心来细细耕耘着自身的流量和数据入口，而其耕耘手段除去数据化的技术手段，还有共享式的大格局情怀。

比如依靠社交软件用户裂变崛起的拼多多，其CFO(首席财务官)徐天早已明确表示现阶段拼多多会把重心更多地放在用户身上，不会被竞争者干扰而去盲目拓展商品品类，过早地进行商业变现或进军金融服务领域。为此拼多多持续优化AI引擎，以满足用户需求。考虑到深入推进研发的重要性，拼多多将成立顾问委员会，进一步强化拼多多的技术能力，与全球多家科研机构协作，共同推进分布式 AI 技术的发展。

截至 2018 年年底，拼多多技术团队共有 2000 余名工程师，其中超过 250 人专注于算法设计和开发。2019 年，该公司将扩招 2000 名技术工程师，预计 2019 年年底，公司技术团队工程师数量将超过 4000 人，其中有超过 1000 人专注于算法设计和开发。

另外，前面我们已经分析过了，数据、知识将会是今后企业发展重要的生产要素，也会是重要的资产形式，人类生产和生活方式都将深深地烙上数字化、多元化印记，而通证经济对生产关系的重构，不管是对个人价值的充分挖掘，赋予个人更为多元化的财富形式，让财富的本质回归到人的成长与活力，还是赋予资产、财富的形式和分配新的模式，都将组建起一张真正的无边界价值网络，极大地促进人类社会的共享共荣共赢。

未来商业的发展资源乃至整个人类的发展资源中，数据和知识将会是重要的资源和资产。而数据和知识的增长，会带来更多的原材料、能源、资产。

因此，变现不再是唯一的盈利手段，未来衡量成功的标准也不在于你有多么强悍的盈利能力，而是在于：

你能在相关领域里占有多大的用户资源、数据资源。

你如何赋予这个时代新的发展动力。

你如何在无边界经济环境下依旧保持优势。

你现在的成就有多接近成功

对财富的渴望是人的天性，人们往往也以资产的多寡来衡量一个人的成功。只是当资产的内涵、形式、获得方式、分配方式等逐渐被颠覆，资产、财富的边界逐渐被打破时，人类社会将更为透明、公正、公平，我们也不得不重新认识、定义成功。

那么，我们该如何重新认识、反思自己？

● 一份事业——就是要有一份好的事业，并且这份事业要成功，还要持续发展，每年都要创造出优秀的成绩，这是成功的基础。

● 一个大格局——不局限于眼前，而是着眼于时代和未来，并能沉下心为未来充分筹划，有能力、有信心让自己的事业持续发展。

● 一份影响力——不管是个人还是企业，都能够影响身边的环境，并先形成信任而后跟随，也就是拥有“铁打的营盘铁打的兵”和始终忠诚的用户。

● 一份贡献力——有能力为他人赋能、为社会发展做贡献，不管是物质上的还是精神上的。

● 一个重塑——重新塑造自己，你想成为怎样的人？你的财富观要怎样改变才能跟上时代发展趋势？如何重塑自己并保证自己在未来的领先地位？

无边界经济是一套新理论，更是一套方法论，
能作用于我们的思维系统、组织管理系统、
资源整合系统、产业发展系统及个人领导力系统，
从而打造一套新的商业发展“组合拳”。

下篇

最佳的穿越与共享

——如何实现“无边界”发展

CHAPTER 5 | 第五章

思维无边界“跃迁”

电子吸收能量后跳到更高的能量级，这便是“跃迁”。和量子一样，人类的认知也会受到激发产生突变，进行“跃迁”。而滚滚前进的时代车轮，便是激发人类认知最好的方式，任何时代的高手都应既懂得驱动自己持续努力和积累，也懂得借助时代和科技的力量放大自己努力的收益。

01
头部效应，站位比努力更重要

◎ 全球“定位之父”杰克·特劳特认为：建立品牌最重要的不是“我比竞争对手好在哪里”，而是“我在哪方面是第一”。

◎ 谷歌 Google X 实验室负责人阿斯特罗·泰勒说：“把一件事情做到 10 倍好，往往比做到 10% 还要更容易。”

1897 年，意大利经济学家维尔弗雷多·帕累托在对 19 世纪英国人的财富和收益模式的调查取样中，发现了一个规律——大部分金钱和社会影响力，都来自 20% 的上层社会优秀分子，从而提出了“帕累托法则”（又叫二八定律）。

简单来说，二八定律表明了一个常态：大多数资源都集中在“头部”，并且第一名与第二名的差距，远大于第二名与第三名的差距，以此类推……比如提到购物网站，我们第一想到的会是淘宝，虽然当当、亚马逊购物体验也不错；提到世界高峰，我们第一想到的是珠穆朗玛峰，虽然排名第二的乔戈里峰只矮了两百多米，却很难在我们的记忆中占据一席之地……在任何领域，头部品牌至少能够吸引到 40% 的注意力，第二名大约在 20%，第三名不到 10%，剩下的总共约占 30%，这也正是巨头企业和初创公司热衷于新领域的抢滩和布局的根源所在。

这一法则也潜在地影响了许多成功人士，特别是商界精英、计算机专家和质量工程师，他们帮助我们塑造了一个现代化世界。实际上几乎所有的经济活动都符合二八定律，从而呈现出幂律分布，也就是长尾理论。

虽然前文中我们已经分析了，目前长尾效应正在失效，但是这种失效说的是“长尾”价值重构的目的是满足个性需求，通过创意和网络，提供一些更具价值的内容，更个性化的东西，弱肉强食的市场规则并没有改变，资源占有、用户占有、市场份额占有依旧呈现“长尾式”分布，且“头部”作用越来越显著，巨头不仅拿走了市场大部分份额，也决定了用户看什么、用什么，这已经不符合当今互联网时代的经济发展。

而通证时代，去中心化、去信任化，人类商业发展仰仗的是“蓝海战略”，基本原理是价值创造、创新，通过创造市场规则打破传统市场边界，挖掘潜在需求，提供个性化产品和服务，随着竞争的加剧，一定会在新领域中再次形成一个“长尾式”分布，只是这个过程更为透明、公正、公平，用户边界、市场边界更为模糊，挑战与机遇并存：一方面占据“头部”位置可以让你掌握更多的资源和优势，进行边界穿透；另一方面“头部”和“长尾”的边界越来越容易被打破。二八定律、长尾理论、蓝海战略比较如表 5-1 所示。

表5-1　二八定律、长尾理论、蓝海战略比较

比较项目	理论核心	理论基础	战略手段	用户服务	企业愿景
二八定律	供给方规模经济	头部引领	低成本战略（标准化服务）	提供大众化需求	成为主流市场的领航人
长尾理论	聚沙成塔	范围经济理论	创造市场规模	提供个性化需求	扩大长尾，获得规模效应，跻身“头部”
蓝海战略	价值创造、创新	企业家创新理论	创造新规则	超越现有需求	远离红海，创造蓝海，成为“头部”

不管是长尾理论，还是蓝海战略，都是互联网出现后商业运营环境变化的直接结果，是在特定的时代条件下从某一角度来看问题，没有也不可能否定二八定律，是对

二八定律在一种新环境下的很好补充和完善，殊途同归。

因此，我们应该始终认识到“头部效应”——站位比努力更重要。

收益不仅与能力相关，更与站位相关，“头部”意味着高价值并拥有优势，能让你获得巨大的助力和加速度。

一个由充分竞争、互联构建的无边界时代，会是几个“头部”和众多“长尾”组成的时代，且“头部”和“长尾”之间边界将越来越容易被打破，快一步抢占“头部”，便成为企业发展的重中之重。

是的，未来我们将无法为自己构筑企业护城河这样的边界防御性措施，企业能做的便是站在高处为自己加持“价值光环”，并尽可能让更多的人看见。

那么，如何找到并进入“头部”位置？

专注：高价值，从“小头部”做起。

创新：做到 10 倍好，而不是 10% 改进。

辐射：高价值、高优势，形成无边界影响力。

当你还不具备规模优势、话语权时，你唯有：

专注高价值，只要价值方向正确，优势可以积累。

专注“小头部”位置，保持差异化优势，持续迭代。

罗辑思维，在观察判断后，认准了知识付费这样的高价值角度，历经了自媒体第一到内容创业第一这样一个从“鸡头”到“凤头”的过程，其间优势不断积累、聚焦，而其发展也更为专注“内容”：死磕细节，放弃增量，一步步“做减法”，回归内容策划，强化核心竞争优势；外包知识源头，外包生产内容，打磨产品形态，“无边界”优势聚焦升级。

在未来无边界的经济环境中，互联网将进一步开阔我们的眼界，进入人们视野的可支配资源会越来越多，但是人们受到的诱惑也会越来越多，一旦在自身领域小有成就，很多人便想着利用手中优势去“歼灭”其他领域的选手，扩大自己的地盘，越发不专注，其结果可能不是在 1 个战场输给顶尖高手，而是分别在 3 个战场被普通选手默默“干掉”。所以专注是很多高手的第一防守之道。

如果说专注是高手的第一防守之道，那么创新则是高手的第一进攻利器。

关于创新，谷歌 Google X 实验室负责人阿斯特罗 · 泰勒曾说:“把一件事情做到 10 倍好，往往比做到 10% 还要更容易。”这句话怎么理解？

泰勒自身解释，尝试做一样新东西或是更好的东西，做法不外乎两种：

一种是在事物原有基础上进行小修、小补、小改，这样你得到的就是 10% 的改进。

另一种是一开始就把目标设定为做到 10 倍好，这样你就不得不重新开始，将原来的基础假设、基础方法全部拆解，并取得真正的革命性创新。

要跑得更快，最好的方法不是如何想办法让当下的马更强壮，而是思考如何一劳永逸地解决受限于马的体力的速度问题甚至寻找新的事物取代马匹，然后你会开拓新技术，比如制造汽车，只有从马车变为汽车才能从根本上解决问题。从普通的马到更强壮的马是一种循序渐进的进步，依靠的是更多的苦干、更多的资源、更多的努力，是一种 10% 的改进，但是这种方式会越来越难，好比把考试成绩从 90 分提高到 100 分，会比从 50 分提高到 80 分要付出更多的努力。这种方式让我们以为自己在创新，其实我们不过是正在陷入“创新者窘境”。但是当我们开始思考用机器取代马匹时，追求的就是一种 10 倍的进步，是一种打破常规的巧干，这往往也逼迫着我们走更为智慧的捷径。

当你具备“攻守”之力时，也便是你真正占据“头部”位置之时。那些依靠共享经济、社群经济、通证经济崛起的行业新贵，早已为我们揭示了“头部”和“长尾”之间的边界将不再“固若金汤”，你需要新一轮的专注和创新，进一步提升价值和优势，从而获得更大的资源整合能力和市场影响力。

02

通证思维，无边界系统化解决问题

◎ 德内拉·梅多斯在《系统之美》中表示：系统中很多关系都是非线性的。世界是普遍联系的，不存在孤立的系统；如何确定系统的边界，取决于你的分析目的。任何成长都存在限制。放在反馈回路中存在较长的时间延迟，具备一定的预见性是必不可少的。

◎ 美国诗人罗伯特·弗洛斯特说："砌一堵墙之前，我应该问问清楚，圈在墙里边的和留在墙外边的都是些什么……"

从生态系统角度看，狮子可能是弱者。为什么这么说？

狮子靠吃斑马生存，帮助斑马进化，一旦遭遇了旱灾，狮子这种繁殖能力低下的食肉动物容易灭绝，反倒是依靠吃草生存的斑马更具生存机遇。其实生存能力最强的是草，就算干旱 3 年，大雨一浇草原马上便能恢复生机，而草也是支撑着整个生态系统的基础。

从个体角度来讲，狮子站在食物链顶端，是强者。但是如果从系统角度来讲，狮子也许是弱者。所以，当你占据了“头部”，看似成了“狮子”，但远不能沾沾自喜，你还需要回归系统：

看到层级，把握事物发展的环境、脉络，找到过去和现在甚至未来你的位置及与各个成员的关系。

系统升维，理解资源、关系、功能、目标等背后的规律。

那么，如何回归系统的？运用通证思维或许是一个方法。

当前，不同的通证项目侧重点并不一样，比如对于公链，通证激励记账者维护网络运转；对于商业应用项目，通证可能是促进交易的积分，也可能是继现金补贴后，冷启动、热启动的用户激励方式……其实，不管哪种通证项目，都具有一些共性。

提供一个共识，依靠共识凝聚力量，运用激励手段维护利益共享。

提供一套系统——通证系统，打造社区分布式系统经济体，将相关人（节点）纳入同一个组织（社区）之中。

打造一套关系，在社区分布式系统经济体中，人与人

（节点与节点）之间自由连接，公平、公正分工协作，共治、共享。

因此，我们可以从中概括出通证思维：

系统——社区型分布式经济体，世界属于理解它、认同它的人。

升维——无边界组织观、无边界资源观、可分布的协作观，从而实现组织结构和商业模式（业务模式）颠覆式创新。

控制点——社区化多层布点，关注目标，拆解各执行层面，做到单点可控，目标折射，根据关系调整切入点，解决复杂问题。

通证系统的本质是社区型分布式经济体，它是通证思维的重要前提，思维的升维、控制点的把控在其中通过3点实现：

社区化。社区化对应的是公司化，社区化组织对应的是公司化组织。但是与公司化组织相比，社区化组织边界更为模糊，甚至无边界，只要具备共识，人人都可以加入社区。另外，在组织结构方面，社区是一种分形化组织[①]，区别于当前传统行业和互联网行业普遍使用的层级化组织，因此社区化决定了其无边界组织观。

① 分形化组织：由成千上万个信任度和协作效率高的小团队构成的扁平化网状组织。

分布式协同。通证系统中的分布包括空间分布、信息分布、业务分布、决策分布、资源分布、收益分布等，不同的通证系统也会根据自身目标，侧重不同的分布领域，并设计成员关系，根据其利益诉求，以共识、智能合约控制各个节点，并设置相应的激励机制，各个成员分布式协同合作，因此决定了通证思维的无边界资源观、可分布协作观。

经济体。随着组织边界、资源边界的模糊，组织会从当前企业形态为主变得越来越像一个经济体，当所有参与者利益相关联时，人人都是经营者。经济体将区别于传统的追求利润最大化的企业，人们将更加关注整个生态的健康发展。

美国诗人罗伯特·弗洛斯特说：“砌一堵墙之前，我应该问问清楚，圈在墙里边的和留在墙外边的都是些什么……”站上“头部”是我们在给自己“砌墙”，划分势力范围，拥有竞争力，这是“墙内之事”，而“墙外之事”，是我们所处的时代大环境，通证经济则是我们必须要知道的“墙外之事”，我们可以看到未来在通证经济中，组织形态从有边界向无边界进化；业务协作从中心化向分布式进化；业务创新从组织内创新向社区型创新进化；权益分配由企业分配向社区交叉分配、社区共享分配进化；治理机制在现在企业治理基础上将向适应社区型组织的方向改进。这会是未来商业发展的脉络及发展规律。

因此，不是高手能力比我们强、智商比我们高、定力比我们好，只是他们看得比我们远、思考得比我们深，他们看到了一个更大的未来“系统”，并运用一种“系统思维”来给自己定位、布局和发展。这个世界绝大部分的运作都不是发生在你眼前，而是先你而行。如果你看不懂系统，便永远无法理解事情的本质。

当我们站在外部大环境的角度对自身有了一个客观、理性的认知，进行了两次思维进化，接下来便要开始专注内部——通过学习与修炼充分提升自身能力，让能力能够与思维相匹配。

03

联机学习，用答案交换答案

◎ 马克·扎克伯格说：“我每天都在问自己一个问题，我现在做的是我所能做的最重要的事情吗？只有在获得了肯定的答案之后，我才会感到舒服，感觉自己的精力和事情没有白费。”

◎ 亨利·福特表示：如果你想永远做个雇员，那么下班的汽笛吹响时，你就可以暂时忘掉手中的工作；如果你想继续前进，去开创一番事业，那么，汽笛仅仅是你开始思考的信号。

从小到大我们都被传递这样一种观点：做人要实诚，一定要有真才实学，扎扎实实自己学、自己悟，这才是真本事。尤其是在做学问方面，来不得半点投机取巧。

可是，当今时代飞速发展，信息化、智能化，新旧更替速度大幅度加快，我们发现，不管自己如何努力学习，似乎永远跟不上这个时代的步伐，永远会有新的知识、技巧需要我们了解、掌握，不会再有谁能依靠一门学问独行天下。于是社会上便开始流行一句话："跨界混搭，外行干死内行。"

当自己学、自己悟这样的传统学习模式开始失去效用时，我们需要寻求一种新的学习模式来促使自己在当今时代更为高效地学习，提升学习收益。新精英生涯创始人古典在《跃迁：成为高手的技术》一书中表示：在知识爆炸、终身学习时代，人与人之间比拼的不是学与不学，而是认知效率（认知收益与时间精力之比）。为此古典提出了联机学习的概念。

什么是联机学习？

关于学习我们通常有三种思路：

第一种，遇到问题自己苦思解决办法。

第二种，遇到问题后通过在网络与书籍中查找资料的方式寻求解决办法。

第三种，遇到问题请教别人，提高解决问题的效率。

这三种思路其实是一个循序渐进的过程，如果不主动思考如何解决，我们不知道该找什么资料；如果不准备高质量问题贸然找人，只会浪费自己和被提问者的时间。而找人是十分高效的学习方法。上学的时候大家都有这样的体会：自己苦苦思索不能理解的难题，第二天到学校请教老师或其他同学后，往往一下子便能茅塞顿开。当然这个过程只是单向的，在一个企业或一个组织中通常用的是一种“双向”的沟通过程：每个人独立思考后再互相交流，便有了多维度的见解，往往经过一轮思维碰撞便可灵感顿现、茅塞顿开。这种用自己的答案去交换别人的答案，从中学习多角度看问题就是联机学习。其中有两个核心观点：

终身提问，问题比答案更有效。

终身学习，拼的是认知效率。

关于提问，很多人觉得这是一件很简单的事，不用学、人人会。可是当你提出“我很想获得很好提升，请问该学些什么”“进入这个行业需要准备什么”“如何用一周时间成为这个领域的专家？”等空洞、无知或根本没有标准答案的问题时，往往会令对方无语甚至抓狂。

提问也是一门艺术，在你提问的时候，需要你事先对自己所要涉猎的问题做足功课，深入思考。问题应是具体的、真实的、可解决的。

比如，你要进入一个新行业，那么就需要事先去了解行业的入门标准，然后根据自己的了解有针对性地提问：本行业最关键的证书是什么？有没有更好的学习渠道推荐？当你的问题得到了别人的建议或点拨，随后你便可以根据这些问题进行学习规划，将答案反馈给答题者，进一步提问：您看我这样规划时间合理吗？其中学习的重点应该放在什么地方？该行业还有哪些相关的知识我可以一并学习？再拿着这份“答案单”开始“极其功利”地去学习：

找到目标，从遇到的问题出发。

调整资源，区分认知性（心理类、哲学类等）、知识性（行业调查报告、行业论坛等）、娱乐性（小说、艺术鉴赏、电影等）三种阅读模式，细心想想，到底哪种对未来发展更有益，需要花更多的时间。

用问题进入，不要从第一页开始读，而是专注寻找问题的答案。

始终记住，我们不是要学习，而是要解决问题。持续问自己：这个知识对于解决问题有用吗？快节奏时代，时间、精力有限，如果一个知识不能用来解决问题，就不值得学习。

经过一段学习后，你已经具备了一定的知识量，你需要对这些知识做一次梳理和输出（分享）。输出能够倒逼输入，不断输出的同时需要一直输入，你才能保持知识和思想新鲜、与时俱进。

梳理，就是让自己的知识具备逻辑性，打造自身的知识模块：运用一定的逻辑关系，将知识点构建起牢固的结构框架，从而当你回忆所学知识时，可以轻易叙述、谈论。常见的结构框架如下：

树状结构——思维导图。

关联关系——金字塔结构。

序列关系——流程图。

数据结构——数据比较表。

互联网时代，分享、连接比任何时候都重要，这也是用答案交换答案过程中最为关键的一步。此时不要太过“谦虚”，不管学了什么，都要积极分享，哪怕一句话、一个感悟、一张思维导图……没有人一开始就能提出非常精辟的见解和感悟，这些都是不断思索和碰撞得出的。而互联网注重的是场景的连接，也许在这个场景中你的知识很“业余”，没有什么太大价值，但是换了一个场景，你的知识就有可能是解决问题的良药，别人的知识也是如此。

因此，构建了自身的知识逻辑和第一个知识模块后，要调用和整合他人的答案，进一步让自身知识系统化：

持续打磨第一个知识模块；

将其抛出，换回别人的知识模块；

重复前两步，逐渐积累更多的知识模块；

整合自身的知识体系，实现知识的升级、进化。

这才是当今时代终身学习的正确方法。

亨利 · 福特表示：如果你想永远做个雇员，那么下班的汽笛吹响时，你就可以暂时忘掉手中的工作；如果你想继续前进，去开创一番事业，那么，汽笛仅仅是你开始思考的信号。身在这样的时代，任何的行业趋势都是促使我们学习、思考的“汽笛”，不管是提问题还是不断学习，最终的目标是找到并合理利用学习杠杆，提高我们的认知效率，加大自身的收益和时间精力的比值。

当然，这并非教你学习时“投机取巧”，我们传统价值观所珍视的学习品质并没有变，只不过应该镶嵌在社会网络中，除了自己学、自己悟，还要加上与他人联机。在开始联机之前，我们也需要先保证自己有价值，在自身知识价值积累的基础上，以答案交换答案，通过提问、调用他人的知识，对知识进行整合，进一步提升能力。

04

内在修炼，实现自我超越

◎ 古希腊哲学家爱比克泰德有句名言：人不是被事物本身困扰，而是被他们关于事物的意见所困扰。

◎ 巴菲特表示：当有人逼迫你去突破自己，你要感恩他。他是你生命中的贵人，也许你会因此而改变和蜕变。当没有人逼迫你，请自己逼迫自己，因为真正的改变是自己想改变。蜕变的过程是很痛苦的，但每一次的蜕变都会有成长的惊喜。

推动思维跃迁的关键动力在于我们自己，在于我们成长的力量。

每当我们的目标和现实情况存在差距时，我们往往不可避免地要面对两种压力：改进现实状况和降低目标。无论任何活动，活力都来自人，而人有自己的意志和思维方式。假如没有足够的动力去挑战现实状况或提升目标，所采取的所有措施不过是症状缓解法而不是根本解决法。因此我们需要认清两件事：

不断判断、学习什么对我们最重要。

不断升维，提升自身的认知效率。

在这个过程中，总是会由种种原因生出种种情绪，或因目标没有实现而失落、悲哀；或受外界打击而愤怒、怨恨；或走错了一步、慢了一步感到负疚、遗憾……这些潜藏在我们心智中的负面情绪，就像一颗种子一样埋在我们的心底，一旦条件合适便生根、发芽，从而对我们的思想和行为产生持久的作用。

当现实中再度出现与以往相同或相似的情境时，相关的情绪便会再度被激发，使我们本能地进行判断和反应，造成错误的结果。更重要的是，当我们接受并认同由这些情绪所创化的自我意识及自我角色、自我人格、自我价值时，便会形成以此为主导的心智模式，无法通过对内在世界的改变适应外在境遇融会贯通，既无力自拔又无从选择。

人的心智模式由 5 个关键“力”生发作用。

愿力，也就是发心，你做一切事情的目的。愿力有大小，为自己的私利是小，为人类谋取福利是大，心量多大愿力就有多大。

受力，也就是在实际行动中的承受能力。你有多大的承受能力，便能够抗住多大的负面情绪，受力锻炼的是你内在的坚毅和对愿景的信仰。

觉力，就是发现、认知甚至修正自己的认知偏差和心智模式，从而做出更好的判断和行动。

变力，在觉力的觉察和内省中，意识到自身的不足，从而改变自己，提升自己的认识和心智模式，你有多快的改变，你的目标就会多快到来。

定力，这是一份面对外界任何风暴表现出来的风轻云淡的坦然，自信但不狂妄、强大而不强势、谦卑而不自卑的，定力是拥有智慧的前提。

以上就是一个人心智模式中需要的“5 力元素”，它会与我们的心智模式作用在 3 个基础场景，也通过 3 个场景提升：

与世界相处，开放而专注。

与他人相处，善良简单可激怒。

与自己相处，迟钝而有趣。

我们受过的教育是一种“分离主义”，往往把世界一分为二地看待，并以不同的概念进行分隔。其实真正割裂世界的是物质，是我们的欲望，世界和心是一体的，人的内在世界与外界物质本是一个东西，一旦我们将心放大，用开放、包容的心态，便能装下整个世界，更好地观看这个世界、这个时代的风云变幻，高明与不高明的差距不在智商，而在眼界。

然而，不管世界如何变化，真正能够发生作用的往往是一个“点”，由点及面产生巨大影响，因此我们还需要专注的力量，专注重要领域、专注自身特长、专注核心技术……凝聚力量，进而从世界中获得切入的“风口”，与世界浪潮和时代风云连接、获利。

我们对这个世界产生作用，离不开人与人的关系。而人与人特别是陌生人之间最佳的博弈方案是简单、善良、可激怒——简单，不故作高深，不引人猜疑，多沟通，让人看透，毕竟谁也不喜欢与一个城府深的人打交道；善良，是与人相处的根本，与人为善，以和为贵；可激怒，不惹事但绝对不能怕事，在打出与人为善的友情牌时，不做滥好人，没有人会喜欢一点血性都没有的人。

当你懂得了与人相处，便要回归做自己，认真而专心地与自己相处。世界是一个庞大的系统，反馈周期会很长，越长越需要更为持久的时间和更多的耐心。这个过程考验的便是你与自己相处的能力。因此不要太过功利地看待自己，不妨将自己看得笨一点、慢一点，同时努力让自己变得多元、超然，充满好奇心，多方尝试，拥抱偶尔的不确定，让自己的感性、知性和意志，与世界连接、和解，并从中获得更多的成长乐趣。成功是有限的游戏，成长是无限的游戏，与自己相处就是在玩一场成长的游戏。

这个世界有三种人：

创造变化的人。

拥抱变化的人。

忍受变化的人。

我们每一个人都要努力做前两种人，像巴菲特说的那样：当有人逼迫你去突破自己，你要感恩他。他是你生命中的贵人，也许你会因此而改变和蜕变。当没有人逼迫你，请自己逼迫自己，因为真正的改变是自己想改变。蜕变的过程是很痛苦的，但每一次的蜕变都会有成长的惊喜。

你的思维是否与当今时代的发展需求进行了连接

通证时代即将到来，这是人类社会的一次生产关系重构，也将由外而内地在我们的心智中产生影响。

那么，在这个变革的时代，你如何检视自己的认知、思维是否落后、不狭隘？请回答以下问题：

- 你是否对未来10年乃至30年做过预判？
- 是的话，你的预判是什么？没有的话，请现在进行思考。
- 你的预判依据是什么？你是否与他人做过对比？差距在哪里？
- 你的行动中是否有强烈的目标和结果导向意识？
- 你是否认识到企业之间最好的方式是合作？
- 你是否能够迅速利用所有可以促进合作的新工具，让自己扩展的力度更大，速度更快，程度更深？
- 你是否认为企业发展的法宝是“透视”，让用户拥有充分的知情权？

如果你的答案是肯定的或做出的分析非常有理有据，那么恭喜，你已经具备了思维跃迁的潜质，接下来便是按照本章所介绍的方法由外而内地提升认知，获得新能力。

CHAPTER 6 | 第六章

三类组织边界自由穿越

一个组织的成功因素除了规模、角色定位、专业化和控制之外，还包括速度、灵活性、整合以及创新，我们必须要打造出既能高效协作又能够在变化着的商业领域中自行畅游的组织，需要对组织的 3 种类型边界，即垂直边界、水平边界、外部边界进行一次无边界穿透……

BORDERLESS
ECONOMY

01

垂直穿越，层级体系重新布线和调音

◎ 巴尔扎克在《交际花盛衰记》写道：“每个社会等级都有自己的荣誉。”

◎ 麻省理工学院教授道格拉斯·麦格雷戈认为：管理工作的实质就是要调整组织环境和经营方式，以便人们能够通过把自身努力指向组织和目标，来最大限度地实现他们自己的目标。这首先是一个创造机会、释放潜力、清除障碍、鼓励成长、提供引导的过程。

就像建筑一样，提到组织我们通常想到的是一种垂直结构：

顶层决策者，负责制定决策、战略，发送指令。

中间层管理者，负责解读指令、提供资源、评价产出以及向顶层报告最终的结果。

基层员工，负责生产。

在这种层级结构中，指令沿着链条自上而下，而生产则发生在基层，同时有着一些专门的词汇来描述这种层级关系，如“上司”和“下属”暗示着某些人有比别人更高的地位或更为优秀；“管理者”和“员工”暗示着管理和生产是两回事；“职业生涯阶梯”暗示着事业是一级接一级向上晋升的……

我们之所以一谈到组织便想到垂直结构，是因为这是司空见惯的，几千年来人类社会几乎都是分等级来组织的，如在许多家庭中，父母拥有权利和责任，他们控制信息，做出决策，规范儿女行为；军队，一直都是按照从将军到士兵权利逐层递减的结构来组织；手艺店，人们自发形成了学徒、熟练工和师傅的等级结构……诚如巴尔扎克《交际花盛衰记》所写：“每个社会等级都有自己的荣誉。”

而在商业社会中，等级结构的概念也是一种原型，直线制、职能制、模拟分权制、事业部制等不同的组织形态，都是以垂直结构为原型进行孵化，几乎所有的组织都带有等级结构的痕迹。而这种把工作任务细分然后引入控制来管理大规模生产、分销和服务的模式，推动了全球经济的发展，提高了人们的协作效率，曾让人类社会经济经历了空前的增长期和提高期。然而，批评也一直在持续。

二十世纪三十年代哈佛教授埃尔顿·梅奥曾主持的一个著名的“霍桑试验”证明：工人不是只受金钱刺激的“经济人”，个人的态度在决定其行为方面起重要作用。当管理层重视工人，不把他们视为无足轻重的小人物时，工人们的生产效率会显著提高。

而对于变化速度呈指数加快的今天，个人价值崛起、社会网络化、商业扁平化、资产数据化……不论规模大小，大多数组织都在层级制中面临各种各样的问题，层级制这种严密的垂直边界弊端日益凸显：

迟滞响应。面对市场变化，员工需要层层“上报”，企业要花费较长时间做出决策再行动，跟不上市场变化。

应对僵化。由于严密、固化的管理制度，凡事都需要“按规矩”办，往往待反应过来，“黄花菜”也凉了。

“地下活动”。由于烦琐的手续和固化的高层战略，创意和革新活动往往需要在“地下”进行，待成熟之后才能上报、执行。

用户疏远。对于用户的问题，一线员工往往需要一而再再而三地传话，一级一级地上报、请示，用户问题无法得到及时的反馈和解决，用户感到愤怒和失望。

内部挫折。因较低层次信息缺乏而导致错误执行，员工被上司的沉默挫伤了积极性，存在不公平待遇和晋升现象。

那么，如何解决这些问题？

20 世纪 60 年代麻省理工学院教授道格拉斯·麦格雷戈曾提出“X 理论”和“Y 理论”：

“X 理论”——借助于集中在高层的权利，通过传统的垂直等级体系实现管理，它的前提是大多数人会尽可能地逃避工作，并且只关心自己的福利，因此管理需要借助清楚的指挥和强有力的控制来扼制这种趋势。

“Y 理论”——管理者会向工人征求意见，并认真思考他们的看法和需要，是一种更为温和的管理体系，它的前提是人们愿意为了自己和组织而出色地完成工作，无须监督和控制。[①]

“Y 理论”相较于“X 理论”是一种更加容易穿透的结构，信息、报酬、创意可以更为自由地在组织中上下流动。道格拉斯·麦格雷戈认为，更容易穿透的组织更有利于生产效率提升和员工满足。他认为：管理工作的实质就是要调整组织环境和经营方式，以便人们能够通过把自身努力指向组织和目标的行为，最大限度地实现他们自己的目标。这首先是一个创造机会、释放潜力、清除障碍、鼓励成长、提供引导的过程。

因此，我们要懂得“放松”垂直边界。如何“放松”？通过 4 个关键因素来实现垂直边界的穿越：

① 百度百科 . X—Y 理论 [R/OL]. [2019-03-12]. https://baike.baidu.com/item/X%E2%80%94Y%E7%90%86%E8%AE%BA/10946368?fr=aladdin.

信息。高层松开把持和控制，向组织上下公开、共享。

能力。不再以职位驱动能力，而是以能力展示价值。

权力。权力松绑，从只有高层可做决策变为所有层次可根据实际情况做决策。

报酬。从职位决定报酬转为业绩决定报酬。

传统等级体系中，高层是唯一掌握完整信息的群体，对于高层的决策和指示，基层人员因为信息缺失往往第一反应是“为什么”，从而产生种种猜测、质疑，甚至理解偏差导致错误的结果。而在无边界等级体系中，信息在组织上下广泛分享，大家会由“为什么”变成“做什么”，更加乐于接受组织的指示，更为明确自身的工作目标，人人获得一种共有的目的感。可以说共享的信息让无边界的等级体系变成一张“全息图谱”：每一个部分都具有整体的全部特征，每一个员工或团队都可以设定与组织目标一致的分目标。

传统等级体系中，高层体现的是知识、技能和才干构成的综合能力，而基层则只要求具备较为狭窄的专门技能便可，他们的行动能力来自各自清晰的角色定位。而无边界等级体系打破角色的限制，鼓励任何有能力完成某项任务的人积极参与和投入，因此个体对企业的价值不再以职位为标准，而是以自身的能力来体现。

传统等级体系中，决策权掌握在高层手中，其划定了清晰的权限，工作需要层层审批，审批过程中难免存在敷衍了事的情况，进而影响决策的质量和时效性。而无边界等级体系则是把决定权留给了与问题联系最为紧密的人，也就是必须要承担决定后果的人。权力更多地取决于信息和能力，而不在于头衔。随着决策过程自上而下地转移，决定与执行之间的间隔时间能够极大地缩短，人们能做出更高效的应对。需要注意的是，权力下放需要信任，这种信任与信息和能力的边界直接相关，当大家掌握了完整、准确的信息和足够的决策能力时，便会变得更可信任。

传统等级体系中，分配不公早已被诟病很久，而在无边界等级体系中，企业不是针对职位确定报酬和鼓励人们晋升，而是利用绩效鼓励人们拓展自己的能力，以便为组织做出更大贡献，那些做出了重大贡献的人就会得到应有的回报。当报酬忽视等级而重视和鼓励具有出色的业绩和能力的员工时，组织边界会进一步放松，企业的等级体系也就会变得更为健康。

为了把组织推向一种更为高效、健康的等级系统，能够调节的关键因素尽管有 4 个，但是要恰当地调整这些因素是复杂的，不仅每一个因素需要与不断变化的市场环境相适应，每个因素之间还需要互相配合，不是单纯地缩减管理人员、共享信息、分享决策权、广泛分享回报等就能够做到垂直穿越。所幸，通证经济的组织架构原理能够帮企业很好地促进信息、能力、权力和报酬之间融会贯通运用，带来极大的组织变革启示。

02

水平穿越，“势力范围”横向突破

◎ 杰克·韦尔奇提出无边界组织：应该将各个职能部门之间的障碍全部消除，工程、生产、营销以及其他部门之间能够自由流通，完全透明。

◎ 帕特里克·伦乔尼表示：团队合作一开始就要建立信任。而要做到这一点的唯一方法就是要克服一盘散沙的局面。

一个组织除了垂直的“等级”关系，还有水平的“势力”关系需要无边界穿越。

垂直的边界是上下不同层级和等级的边界，规定了身份地位和发展定义，水平边界则是横向部门间的边界，把人们分成不同的群体，每个群体都有自己的规章制度和行事准则。简单理解，水平边界就是大家在企业内部以部门为基准划分势力范围的手段。

与垂直边界一样，水平边界也是人类社会一种常见的重要组织形式，比如在原始部落的群体中，成年男子专门负责打猎，成年女子负责准备食物和提供药物治疗，孩子负责采集草药或浆果。整个部落从专业的角度，把各种任务分割开来分配给不同的群体，从而保证整个部落的有效、正常运营。

自人类步入工业时代，技术不断发展和进步，为了维持生产机器的运转，一个包含采购、生产、品控、库管、销售、结算等环节的“职能系列”应运而生，这些环节也都交给了具有专业技能和管理专长的人员。从此，每一个人在企业当中除了拥有等级身份，更被划入一个个“圈子”之中。这样的势力划分，使得大家可以集中精力只学习做好其中的一个环节，能够很好地提升生产效率。随着生产规模扩大，各环节“专业人员”越来越多，便形成了部门。之后，每一次技术、知识的发展浪潮都会新增加一个办事处、一个新部门，一个巨头企业往往雇用着数万名员工，设有数百个职能部门，它们彼此之间在企业这部大机器中各管一环，又相互协作。

另外，推动这一过程的是每个人的“圈子习惯”：每个人都有自己的圈子，并会不自觉维护圈子利益。也许让数百个人结合起来很困难，但是较小群体的结合可以让人们更容易了解和接受那些与自己合作紧密的人，并会不自觉地以巩固群体利益为共识，与其他部门建立边界。所以在任何企业中我们都可以看到这样的景象：技术部有他们自己才能听得懂的笑话，市场部的人在食堂吃饭时不自觉地坐在同一桌，发生利益冲突时各部门各自为政、争执不休。

然而与垂直边界一样，随着时代的发展，水平边界也开始受到冲击，弊端不断显现：

周期僵化。在需对市场做出响应时，几个部门往往需要一个接一个单独行动，虽然有序但周期很长。

各自为政。当业务在部门间流转时，每个部门都认为自己可以创造某种独特的价值，每个部门都要以自己的方式来运作，并都会保卫自己的权力和资源，从而在企业内划分受保护的势力范围。

“内敌”综合征。各个部门间会为了资源、特权和势力展开斗争，不同的群体会将其他人视为“一群坏家伙”，甚至故意妨碍其他部门的工作推进。

组织目标次优化。为了能使自己的成就和回报最大化，不少部门会将局部目标（部门目标）放在整体目标之前。

当水平边界因以上种种状况出现混乱，拙劣的沟通以及势力范围的争夺正在危及用户响应性并内耗企业资源时，大多数组织做出的反应是调整组织结构，如精简部门，通过资源和决策的集中化来控制水平秩序。但这不过是治标不治本，短期内也许会有成效，时间一长，企业慢慢与市场失去联系，毕竟太多的资源集中于总部，贴近用户的资源和人力明显不够。

组织水平边界的产生根植在企业运作流程之中，真正的治本是突破各个职能部门间的边界，真正使决策、生产、销售等部门连为一体，形成统一系统。正如杰克·韦尔奇提出的无边界组织一样：应该将各个职能部门之间的障碍全部消除，工程、生产、营销以及其他部门之间能够自由流通，完全透明。

那么，如何无边界水平穿透呢？杰克·韦尔奇给出的方案如下：

坚持以用户为中心。

以一种形象面对用户。

为服务用户而构建和重组团队。

跨用户团队分享学识。

其实这正是以用户为中心的思想。而在一个组织中，以用户为中心，就是要在所有部门都树立一个共同的价值和行为准则，赋予大家共同的目标——用户和业绩。无边界的等级体系，可以更好地促进彼此间的协作，有效减少内耗。此外，不管组织多么复杂、产品线多么繁多，用户需要的只是一个简单、可信的接触方式，企业要求各部门的员工都能收到相同的信息并以相同的方式面对用户，可以保证在用户面前企业始终是一个可信赖的整体形象。

杰克·韦尔奇所说的团队其实类似于一种多功能团队，可以看成是对各部门的一次“合作重组”，其最大的特征是在特定的目标基础上，集合多种职能部门，比如企业考察团、某项目组，以拓展新地区、新领域、新业务为目的，最终达到优化企业各种资源，增进企业应变能力和提升企业整体竞争性的目的。同时多功能团队为用户提供服务时，团队中的每个成员彼此信息共享，都能获得大量的信息，拥有不同的经验和方法。总之，想要鼓励和提倡团队合作，最好的方法就是令团队成员置身真实的团队中，致力于解决真实的经营问题，并把团队合作作为学习的方式。

帕特里克·伦乔尼表示：团队合作一开始就要建立信任。而要做到这一点的唯一方法就是要克服一盘散沙的局面。组织内部的无边界垂直穿透和水平穿透便是有效克服一盘散沙局面的方式。

另外，企业社区化运营正在逐渐成为趋势，将彻底改变传统组织结构和协作方式，也许不久的将来，企业不再以“专业化”的部门作为划分标准，而是以“共识”作为分割标准，人人依靠共识置身同一个社区或不同社区，各尽所能，各取所需。而社区的作用不单单体现在“安内”上，也会体现在“攘外”上，用社区直面合作伙伴、用户，企业组织将进一步扁平化。

03

价值链穿越，闭环生态系统串联价值

◎ 迈克尔·波特认为：每一个企业都是在设计、生产、销售、发送和辅助其产品的过程中进行种种活动的集合体。所有这些活动可以用一个价值链来表明。

◎ 牛根生认为：任何一次“强大”都无法成为“终结”，历史长河浩浩荡荡，顺势则昌，逆势则亡，对于企业来说，只有逗号，没有句号，强无封顶，大无边界！

商业管理界公认的“竞争战略之父”、哈佛商学院的教授迈克尔·波特认为：每一个企业都是在设计、生产、销售、发送和辅助其产品的过程中进行种种活动的集合体。所有这些活动可以用一个价值链来表明。并提出了价值链理论：企业的各项活动可以从战略重要性的角度分解为若干组成部分，并且它们能够创造价值，这些组成部分包括公司的基础设施、人力资源管理、技术开发和采购四项支持性活动，以及运入后勤、生产操作、运出后勤、营销和服务五项基础性活动，九项活动的网状结构便构成了价值链。

价值链理论发展到今天，实现了新的突破，即价值链可以进行分解与整合，它不单是企业内部各业务单元的联系构成的企业价值链，更是上下游关联的企业与企业、企业与其他机构、企业与用户之间的价值链，即企业与外部利益相关者的利益关系。在这个整合了自身业务单元、合作伙伴、用户及其他机构的价值链中：

每个环节都由大量的同类企业构成，所有相关企业构成了价值链中的链环，相互联动、相互制约、相互依存。

上游环节（产业）和下游环节（产业）之间存在着大量的信息、物质、资金方面的交换关系，是一个价值递增过程，价值增值循环式进行。

其他实体，如投资群体、监管机构、评测团队等都会影响其运作。

各链环的企业间协同方式，从传统的以基于产品和服务的交易为主逐渐发展成为以战略联盟、流程对接等为特征的深度合作。

在这样的一种关系链条中，不同的经济参与者（包括用户、分销商、供应商、服务商、第三方机构等）通过互相协作来共同创造价值。

价值链在经济活动中无处不在，价值链上的每一项活动都会对企业最终实现多大价值造成影响。当今的商业环境下，企业的成功也不再只看企业自身的盈利能力和组织健康程度，而是来自整个价值链的总体盈利能力和持续生命力的改善。

然而，大多数企业一直是从独立的、墨守成规的角度来看待自身的价值链，将自身看成一个独立的实体，往往以转嫁负担的形式牺牲合作者利益，最大限度地提高自己的盈利能力。这种传统的关系，其实就是企业希望自己能够比其他参与者分得更大一块蛋糕的“讨价还价式”压榨。同时，价值链上的价值贡献出现高集中的特点，行业的领袖企业占据核心位置，设置行业标准，进行资源、技术控制，甚至决定了共享什么信息。

这种“人人为己”及巨头垄断导致了价值链的 6 种边界：

战略和计划独自设定，各行一套，“链环”间的配合不一致。

计算、评价以及回报机制独立且很难统一，比如价值链中的用户强调的是高质量，供应商强调的则是产量、生产速度或成本。

信息共享和协同运营受到限制。企业为了自身利益倾向于隐瞒实际成本、利润率及被视为“家丑”的各种问题，从而往往采取一个勉强或不合时宜的解决方案，让价值链中的其他成员“措手不及”。

资源利用率低。价值链上包含着巨大的资源储备和技术储备，以及涉及行业的方方面面的信息、知识，但由于企业各自为政，它们无法被有效共享和运用。

不公平竞争。巨头企业或核心企业把持价值链发言权，最大限度抢占价值链资源，导致不公平竞争，相对弱小或初创的企业无法参与到价值链的核心利益之中。

客户强推。当每个成员都追求自身盈利能力最大化时，便会不顾客户的需求和意见，向其强推自己的产品，最终客户那里存下一大堆用不到、不需要的产品。

在此情况下，为了彻底释放价值链的能量，价值链关系的无边界穿透具有非常重要的意义，其核心要点如下：

在系统思维的引领下，企业将自身视为整个价值链当中的一环而不是独立的个体。

真正的竞争不是一个企业和另一个企业的竞争，而是一个价值链和另一个价值链的竞争。企业的成功将来自整个价值链的总体盈利能力和持续生命力的改善。

那么如何实现价值链的无边界穿透？可参考以协同、共享、开放、去中心化为导向的 4 个关键性操作。

协同。协调成员间的经营战略和业务规划，所有成员都要就战略性和业务性的经营规划进行协作，从而确保价值链的价值创造流程顺畅和有序；对评价及回报机制进行统一，在价值链中建立起一个共同的评价和激励系统，让每个成员都能致力于同样的“绩效数字”，为同一种目标努力；协商销售过程中，将销售行为变成信息提供行为，根据用户的需求，向其销售或推荐满足需求的最佳产品或服务。

共享。信息共享，参与者非常自由、透明地分享信息，而不是像以往那般受到限制，同时任何地方出现问题都能够引起价值链成员的关注，并促使大家调动整个系统的最佳资源来解决问题；资源共享，价值链上每个成员能够更高效地利用整个价值链的资源，实现“借力”发展。

开放。不同产业间的关联性加强，原来看似没有联系的不同产业价值链变得越来越相关联，并出现一系列的重叠、替代、交叉和趋同等变化，因此需要开放整个价值链，以便吸纳新成员，或与其他价值链融合、重组，进一步壮大价值链力量。

去中心化。打破巨头企业的“集权控制”，确保整个产业链的公平、公正，从而让价值链的协同、共享、开放能够真正有效地得到保障。

当然，价值链无边界穿透并非一件简单的事情，其中的信任障碍、能力障碍、控制权争夺等都会削弱这种根本性的变革努力。无边界是时代趋势，必然要突破种种困难，最终实现。另外，通证经济的出现，也为今天价值链边界的打破提供了新的做法和启示，我们相信，未来可期。

【落地思考】

你的组织有多接近“无边界”

通过本章的阅读，我们知道组织边界可以分为3种：垂直边界（不同层级和等级间的边界）、水平边界（横向部门间的边界）、价值链边界（公司与外部利益相关者的边界）。需要注意的是，这里的无边界不是说要拆除所有边界，而是充分调动各层级员工的积极性，激励他们围绕企业做出更大贡献；通过跨部门和跨事业单位的协调工作，更有效地协作或共享关键资源，进一步提升企业的竞争力；通过置身于一个更大的生态圈，共享更多的发展资源，汲取壮大所需的力量。

那么，你的组织是否具备了无边界发展潜质？

（1）垂直边界的诊断和改善。

第1步，审视你的员工在公司中发挥什么作用，是政策对抗者、被动参与者、竞争负累者，还是积极贡献者、优势创造者？

第2步，思考为什么会这样，如何改善。公司有没有把员工看成公司竞争优势的源头？公司有没有提供及时有用的信息来支持他们？公司有没有投入充分的时间和资源确保他们具备所需的技能和知识？公司有没有提供适当的物质和精神奖励以点燃他们的工作热情？

（2）水平边界的诊断和改善。

第 1 步，审视公司重要跨部门流程的协作关系、关键资源的共享情况及公司相关部门的水平协作程度。

第 2 步，思考为什么会这样，如何改善。因为缺乏共同的决策机制吗？因为渠道信息传递不畅通吗？因为员工不了解全局和彼此工作之间的相关性，还是因为心有余而力不足，需要在能力和经验方面进行提升和共享，没有形成利益共同体？

（3）价值链边界的诊断和改善。

第 1 步，审视公司在价值链中的地位、定位和影响力，并在价值链中确定一个或一类战略上非常重要的客户或供应商。

第 2 步，思考为什么会这样，如何改善。你在哪些方面滞后，这给你带来了什么影响？你做了哪些努力，又碰到哪些困难？在价值链迈向无边界关系过程中，你已经在哪些外部因素上取得了重大进展？与客户或供应商的这种关系能代表你在价值链中的总体状况吗？是否有办法将来自这种关系的经验和教训用到别处，或者将来自别处的经验和教训用在这里？还需要更多的根本性转变吗？

CHAPTER 7 | 第七章

通证系统构建经济新生态

在通证经济中有“通证三观”：无边界组织观、无边界资源观和可分布协作观。“通证三观”在通证系统中充分体现，并开始冲击我们的传统组织形式、资源整合方式和分工协作方式，它正在成为一股不可忽视的无边界发展力量……

BORDERLESS ECONOMY

01
植入“区块芯法”

◎ 美国加州大学传播学院教授曼纽尔 · 卡斯特表示：人们已经不再处于工业化社会了，尽管还有很多工业化趋势，但是人们已经处于另一种社会结构。现在人人都在谈论网络社会。

发展至今，以“中心化 + 中介化”模式为主的传统应用模式，比如“淘宝 + 支付宝”“商场 + 银行”，统治着我们当今时代的商业环境，这样的应用模式，大概占有当今世界经济活动的 99.99%。

然而，这样的传统应用模式，开始逐渐显现弊端，特别是在今天，社会已经被烙上了深深的网络属性，人们可以通过网络扩大自身的存在价值，同时越来越多的软件和服务集中在 BAT 这样的大企业中。

对于这样的转变，好消息是我们能够在中心化平台上便捷地获得惊人的技术和服务，而且其中很多技术和服务是免费的；坏消息是初创企业、创作者以及其他创意群体组织在中心化平台制定的规则内，不得不丧失“主权”被迫“分享”利润，且上升路径已被封死，想要扩大自身的影响力越来越困难。中心化同时造成了更广泛的问题，虚假新闻、巨头流量垄断、网络安全问题等，无不暴露出这种紧张和焦虑。此外，用户放弃隐私以及对自身数据的控制权，承受着安全漏洞风险，这些问题在未来都有可能变得更加突出。

2008 年，当全球市场正在遭受前所未有的金融危机时，中本聪发布了一种点对点的现金系统及基础协议——比特币，并发明了一种新的互联网协议——区块链，以分布式计算技术为基础设定了一系列规则，让在脱离可信第三方机构的情况下，数 10 亿台设备在彼此之间交换信息。

区块链技术是利用块链式数据结构来验证与存储数据、利用分布式节点共识算法来生成和更新数据、利用密码学的方式保证数据传输和访问的安全、利用由自动化脚本代码组成的智能合约来编程和操作数据的一种全新的分布式基础架构与计算范式。

Token 是数字化的权益证明，是区块链的特色应用，每一个区块链项目，都试图以其 Token 作为一种激励的工具，促进生态圈内各个角色的协作，贡献越大得到的Token越多，大家协作得越好Token价值越高。

简单来理解，区块链是个天然的密码学基础设施，在区块链上流转的Token从一开始就带着密码学的烙印；Token代表着权益，区块链是对权益可靠的保护。而“Token+区块链”的通证经济所达到的可信度及其无边界的发展潜质有如下体现：

在通证经济体中，客观经济对象以数字形式存在，从而创造了一种基于数字体验和服务的经济模型，这种模型的核心是跨界使用。

由于数据的边际成本几乎为零，因此能够带来强大的网络效应，形成以平台和生态为主的网络社区，社区依靠共识和规则运行，将不再局限于公司、部门、职业等。

系统中，每个人自由连接，且有激励机制，人人都可以通过自己的贡献获得相应的Token报酬，并运用Token流通、交易。

以上几点，对传统组织将产生巨大的影响，商业世界未来可能由“中心化＋中介化”1极分化为3极：

第1极，“中心化＋中介化”的传统应用。

第2极，“中心化＋去中介化”的混合应用，将区块链与现实世界经济活动中标准的中心化应用对接，也就是去掉中介，但保留着“自然”的中心，主要目的是实现区块链对实体经济活动和经济运行的支持。

第 3 极，完全去中心化，每个相关的应用都会在区块链上，都是去中心化的、可以保护隐私的。

第 1 极正在受到冲击，但在很长时间内依然可能占据主导地位。第 2 极正是目前区块链项目的发展主流，比如华为“农业沃土云平台”中的区块链应用、腾讯推出的企业级区块链平台 TrustSQL 等，可以说到了第 2 极，区块链加之通证的加持，开始集中在数字版权交易、供应链溯源、供应链管理，乃至公司治理、优化流程、提升组织效率等与实体经济结合的紧密环节，并在推动着实体经济的发展。第 3 极未来有可能实现，因为区块链确实有承载信息和无边界流转的能力，这是经济活动中非常重要的一部分，且适用于绝大部分经济活动。目前正在被人热议的 DApp 则有可能加快这一进程，如果有一天去中心化的应用承载了这个世界 50% 以上的信息流和资金流，真的可以算是颠覆传统。

人类的网络社会曾由互联网带来，今后或许将会因区块链，特别是通证经济获得更为深入的发展。

因此，不管是出于当前中心化的商业弊端，还是未来商业的发展大势，我们必须足够重视从区块链中感悟到的“区块芯法”——去中心化、去信任化、社区化，它将打通巨头企业所设置的发展边界，打通组织内部的沟通边界，打通资源的获取边界，而将这些作用真正实践于商业的则会是通证经济体。

02
商业画布创新运用

◎ 英国著名物理学家凯尔文勋爵表示：当你能衡量你所谈论的东西并能用数字加以表达时，你才真的对它有了几分了解；而当你还不能衡量、不能用数字表达它时，你的了解就是肤浅和不能令人满意的。

经济体系是指一群经济个体之间具有相互联系关系，个体间的通货可以互相兑换，任一个体的变动都会对总体造成影响。如人类历史上曾出现过的狩猎采集经济体系、皇宫经济体系、庄园经济体系等。

也许关于当今人类社会究竟是怎样的一个经济体系，我们无法给出标准答案，但是全球化和数字化正在成为一个基本现实。

贸易、科技、金融、资源配置和产业分工日益国际化，正在持续创造一个真正的全球经济体系。

区块链、大数据、物联网，已经将互联网经济日益深化，未来如果人类完全突破时空的限制，便可依靠“数字”相互联系、流通、交易，创造一个突破国界、种族乃至意识形态的数字经济体系。

不同的经济体系，会深刻地影响我们的创业方式和商业运行方式，每个经济体系也都有着自身经典的经济系统，如全球经济体系中的经典经济系统是海外投资并购机制。今天，能够用数据表达、用数据衡量、用数据创造的经济系统或许已经出现，它就是通证经济体。

通证经济体，也叫通证模型，是用通证经济激励机制设计的通证模型。在这个模型中，Token是桥梁，关乎两个非常关键的核心词——流通与价值，Token让权益数字化并流通起来，实现价值创造，所要解决的问题是如何让一群自由的个体在有价值的Token激励之下，通过区块链技术实现彼此之间的相互协作与交易，创建可持续繁荣的经济系统，不断地为数字经济体系内的个人、企业、组织和机构创造价值。其操作要点概括起来有7点：

资产、资源通证化。

协作环节信息化。

信息、数据透明化、可信化。

数据资源共享化。

经济行为激励化。

协作关系社区化。

监管多角色穿透化。

这 7 点，让通证经济体中的每一个人都有一个可以依靠的社区，在社区中，每一个人都是独立的，能够极大地体现自身的价值，而社区中人与人的关系是无边界共生、共赢。

那么，通证经济体中到底包含哪些具体环节？我们又该如何建立一个通证经济体？

《财富第十波 2.0——通证时代的数字黄金》一书向我们提供了一个通证系统设计通用工具——通证经济画布。

很多人都知道商业画布（Business Canvas）的概念，它用 9 个方格将商业模式中的不同设计维度可视化（见图 7-1）。与商业画布类似，通证经济画布（Token

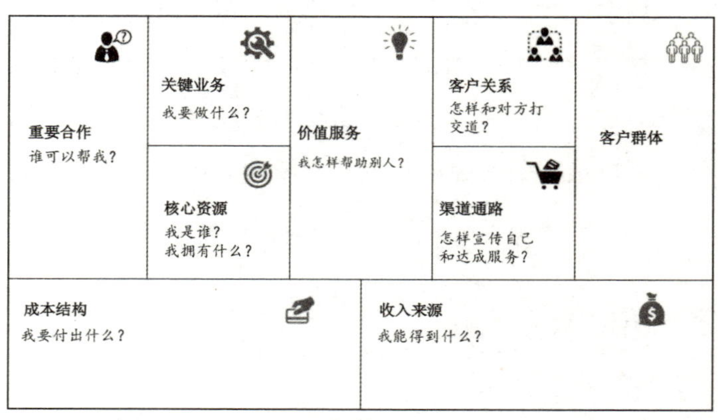

图7-1 商业画布

Economy Canvas）是将通证系统主要的设计维度以 9 个方格的形式直观呈现出来（见图 7-2）。

<table>
<tr><td rowspan="2">资产价值</td><td>重要合作
技术平台&行业关系</td><td>用户细分
系统角色</td><td>上链设计
共识算法</td></tr>
<tr><td>价值定位
问题&资产</td><td>关系设计
权益&收益</td><td>结构治理
组合&管理</td></tr>
<tr><td colspan="2">经济模型</td><td colspan="2">系统运营
社区&生态</td></tr>
</table>

图7-2　通证经济画布

这 9 个方格分别代表了通证系统的主要维度：资产价值、经济模型、重要合作、价值定位、用户细分、关系设计、上链设计、结构治理和系统运营：

资产价值。Token 本质是资产的数字化，资产价值是整个通证系统的“地基”。

经济模型。Token 发行、激励的经济生态系统。

重要合作。通证系统建设需要借助一些技术平台及相关的行业关系。

价值定位。能用一句话概括出价值所在，定位不清晰的项目，不仅用户迷茫，团队也会无法形成一致认同，这样的通证设计只有形没有魂。

用户细分。系统角色确定，目标受众清晰划分。

关系设计。找到用户痛点，用核心需求驱动关系连接。

上链设计。共识机制驱动，智能合约维护，保证上链的技术性和严谨性。

结构治理。通证在生成、流通、交易过程中的治理。

系统运营。促使越来越多人加入社区，形成共识和使用。

以 2018 年年底因投资贾跃亭而备受关注的 EVAIO 为例。EVAIO 中文名叫“伊娃”，是一个“电动汽车 + 区块链”的垂直新模式，全称为电动汽车分布式数据库及应用平台。

目前，大量私人充电桩在无人值守的情况下并不能很好地共享出去，充电桩和车之间缺少一个可信任的支付系统。EVAIO 通过为电动汽车提供区块链底层技术构架，接入物联网共享充电桩完成生态闭环，即用区块链技术创造车辆的可信任支付系统，解决充电桩支付问题，除了可以用来支付充电费用，还可以用来支付停车费、洗车费等，而贡献数据的车主也会收到 Token 奖励。

我们在设计通证经济体时，可以对照传统业务套用模板，以更加直观、宏观的视角来构建通证方案。这不仅能够让人一眼看清核心模块及其相互关系，也能让人更富逻辑地进行“顶层设计”，而不沉溺于细节。

如今通证经济的实体化之路已经开启，我们不仅需要懂得如何去设计一套完整、完善的通证经济体，更需要充分认识、设计传统行业与通证经济的契合点和结合点。

03

通证化的前提和必要条件

◎ 美国咨询专家吉福德·平肖在《创新者与企业革命》中表示：创新时代实际上是信息时代的天然的伴随物。尽管我们掌握了新的信息，但仍然有薄弱环节，它不出现在信息的创造上，也不出现在信息的贮存上，甚至也不出现在信息的获取上，而出现在利用新的信息去做新的事情上。

◎《盐铁论》："明者因时而变，知者随事而制。"

在竞争日益激烈，上升空间日益狭窄的市场局面下，通证经济会是创新、创业的强动力，会是驱动企业数字化重塑的便捷途径。

如何将通证系统运用于实体，去做"新的事情"是一件很不容易的事情，它需要我们结合自身的企业状况，深入思考 3 个问题。

What——流通的价值是什么：流通能否创造新的价值？流通创造的价值来源是什么？是需求发现还是成本降低？

Who——为谁创造价值：是通证系统组织者，还是用户？

Where——流通的边界在哪里：是第 2 极世界内的中心化边界内流通或跨边界流通，还是第 3 极世界的彻底无边界流通？跨边界流通与边界延伸差异在哪里？

这些问题相当于通证经济体设计的“先行观”，可以让我们对自身企业现状及所能作为的项目有着清晰明确的了解和预判。

那么，如何回答这些问题？我们需要去了解项目、业务通证化的 7 个前提和 6 个必要条件。

通证化的 7 个前提。

先发优势。通证经济依靠系统共识，形成产业的虚拟经营体，资产可以数字化交易和分配，获得更高效的资源配置，谁先做谁就有优势，目前通证经济刚刚兴起，正处在“跑马圈地”阶段，对后来者将会有很高的准入门槛。

资产数据化。Token 是资产、资源数据化的有效手段，但 Token 所代表的数字资产概念更为广泛，它不仅可以是实物资产，也可以是通证系统的原生资产。

增量价值。人们关注的是未来的收益能力，由于Token是一种权益证明，它所关注的不是所有权而是使用权，通证系统在使用权的基础上将未来的能力、服务和收益等打包，有着预期的变动及市场波动，体现的是增加价值。

交易市场。自建交易市场，Token并非全然需要货币化，产业Token更是如此，在产业链内自建去中心化的数字资产交易平台，实现体系内流通。

共识机制。打破信任壁垒，一个产业的痛点和问题往往在于产业链上下游缺乏信任，由此产生信息不对称或利益冲突，而Token的设计是通过代码这种“纯理性”的共识机制，打造产业内普惠、透明、公平的信任环境，以此解决产业链上的核心痛点。

智能合约。解构产业实际业务，智能合约是通证经济体的行为准则，可以用“被规范的行为”对产业实际业务分离、简化、重组、“虚化”，并用Token打造促进流通和周转的激励机制，实现资源的优化配置，有效降低交易的成本。

经济模型。即通证经济体，它是项目、业务通证化的实践体。

在这7个前提中，通过先发优势、资产数据化、增量价值，我们能够知道流通的价值是什么；通过共识机制、智能合约，我们能够知道为谁创造价值；通过交易市场我们可以知道流通的边界在哪；通过经济模型，我们可以将这些很好地落地实施。

通证化的 6 个必要条件。

供应量。遵循经济中的供需规律，供大于需会导致严重的通货膨胀，供小于需则是通货紧缩，对供应量的控制往往决定了 Token 是通货膨胀还是通货紧缩，而这样的结果将会直接作用在 Token 的价值增长空间上。

交易量。交易量也是一个重要指标，从交易量中可以看到真实的供需关系，如交易量低，可能就意味着需求低。

落地。越是落地的，越是可信的，越是有价值的，因此要明确自身项目能解决哪方面问题，能实现什么样的应用。

创始人和开发团队。找有实力的人合作，找专业的开发团队进行技术开发，这样项目便可取得人们一半的信任（另一半靠落地）。

潜在障碍。从技术 BUG（漏洞）、竞争对手、合法性等方面进行讨论、论证，提前预估项目风险，设计应对方案。

项目路线图。一个好的路线规划图应该是详细而长远的，清楚地说明什么时候做什么事或达成什么影响，给自己一个清晰的发展路线。

《盐铁论》中有句话说得好：明者因时而变，知者随事而制。聪明人会随着时代的变化而改变策略，有智慧的人会按照世事变化的情况而制定法则。面临通证经济的快速发展趋势，这 7 个前提和 6 个必要条件会是我们今后策略改变的重要启示，我们也只有结合自身产业的特点，进行深入研究，大胆尝试，才能在通证时代到来之时抓住机会，在未来无边界经济发展之时占据先发优势。

你的企业是否具备通证潜力

这一章中，我们主要讲述了通证经济生发作用原理、通证经济体设计及通证化必要前提和必要条件，相信大家一定从理论到方法上认知到了通证经济对无边界经济形成的强大推进力量。

那么，你的企业是否具备通证化的潜力呢？

这里总结了一些关键问题清单，可以供你在通证经济体设计之前自检，让你在启动一个通证项目时结合自身产业特点，更为细致、全面，有迹可循。

- 产业交易的结构是什么？
- 产业的盈利模式是什么？
- 产业的组织结构和角色关系是什么？
- 产业的发展目标是什么？
- 当前存在的主要问题是什么？
- 解决问题所带来的价值有多大？
- 解决问题所付出的代价是什么？
- 产业有哪些类型的资产？
- 可加密上链的资产有哪些？
- Token 是否分配权益或者红利？

- Token 是否成为体系主要的支付和结算手段？
- Token 的价值将如何产生和流动？
- 产业如何建立与陌生人的信任关系？
- 有哪些奖励机制和惩罚机制？
- 产业需要什么样的治理结构？

CHAPTER 8 | 第八章

资源整合，社群化运营

当今时代竞争早已不再是线性的行业内竞争，而是全方位、全时空、多维度的竞争，在这个过程中，一家真正厉害的企业，一定是手握用户和数据资源，敢于无边界整合的组织，一个真正厉害的人一定是一个具备跨界思维，能够在当今时代趋势和战略交会点上找到自己坐标的人。

BORDERLESS ECONOMY

01

进行一场“1+1>2”的正和游戏

◎ 2015 冬季达沃斯论坛上，李克强总理强调：面对多变的经济形势，我们主张要大力推动开放创新，也就是说，要激发开放创新的活力。

◎《三体》中有句话：我消灭你，与你无关。

经济增速放缓，各行各业趋于饱和，很多企业要么转型，要么走在转型的路上。“企业转型”简简单单 4 个字却带来了很多新状况、新挑战，企业面临着各种各样的转型困境。

困境一：偏居一隅，市场受限，地方品牌不知如何跨步走向更广阔的市场。

困境二：市场萎缩，品牌没落，成长型企业不知如何才能规避“短命魔咒”。

困境三：行业同质，举步维艰，传统企业不知如何挖掘新增长点。

困境四：百年品牌，老路难走，老字号企业不知如何才能再创辉煌。

困境五：新苗破势，挑战重重，新企业不知如何跨越“生死线”。

与此同时我们正在经历着新的“生死考验”。

《三体》里有句话：我消灭你，与你无关。

也许你会觉得这句话很嚣张跋扈，但细细品来它充满了大智慧，真实地解释了如今商业发展的一些现状：

余额宝的出台，18 天狂收 57 亿元资金存款，一下抢走了不少银行的收益。

移动和联通争斗了很多年，微信出来以后，两家公司才真正明白，真正的竞争对手不是彼此，而是跨界的腾讯。

康师傅和统一方便面的销量急剧下降，不过它们的对手不是白象、今麦郎，而是美团和饿了么……

未来的竞争将是无边界的，你永远不知道你的对手从哪里冒出来。这也印证了这几年互联网上流行的那句话：打败你的不一定是你的同行，有可能是路人。

这些市场困境、新的“生死考验”是企业必须思考的，我们在探寻解决之道的时候，需要新的方法。

那么，这个新的方法是什么？

2015冬季达沃斯论坛上，李克强总理表示：面对多变的经济形势，我们主张要大力推动开放创新，也就是说，要激发开放创新的活力。

总理所说的“开放创新”也许是宏观层面上国家之间的开放与合作。但是进一步说，国家与国家之间的开放与合作也是要落实到企业这个市场主体的，因此“开放创新”也会是企业的关键。

确实，在知识经济、共享经济、数字经济等各种新经济的冲击下，一个企业仅仅依靠内部资源进行高成本的创新活动，已经难以适应快速发展的市场需求以及日益激烈的企业竞争和跨界“打劫”，开放式创新逐渐成为企业突破困境转型的主导模式。

那么，企业如何进行开放式创新？

将外部创意和外部市场化渠道的作用，上升到和封闭式创新模式下的内部创意以及内部市场化渠道同样重要的位置。

均衡协调内部和外部的资源进行创新，不仅仅将创新目标寄托在传统的产品经营上，更要积极寻找外部的合资、技术特许、技术合伙、战略联盟等整合资源，尽快将创意变为产品与利润。

从“由内到外”到“由外到内”，开放式创新的理念和实践正不断发展和丰富，一个跨界资源整合时代即将到来。

2015年，马斯克现身底特律北美车展时就提到特斯拉真正面对的敌人，未必是传统厂商和经销商，而是已经习惯了内燃机车的用户，以及根植传统业态的庞大产业惯性。要打破这个桎梏，联盟是最好的手段。

为此，特斯拉不想单打独斗，它欢迎其他汽车商进入电动汽车行业，这样一来，整体的电动汽车行业就会有更大的势能，在市场培育、政策突破、技术积累、电动汽车产业链的形成等方面，就会产生群体的生态效应，增大电动汽车体量。此外，特斯拉开放所有专利。表面上看，这一举动似乎会让竞争对手获利，然而此举无形之中提高了特斯拉技术的普适性，令其在未来行业标准制定中抢占有利地位，成为标准制定者。

电动汽车要想成功，需要汽车行业之外很多其他领域的技术，这种整合、创新，特斯拉比其他传统汽车制造商更擅长。

种种迹象表明，跨界整合资源已成大势。而今天我们还可以站在一个更为前沿的角度——无边界经济角度，来看待这种资源整合——无边界资源整合。

组织无边界穿透、经济体无边界构建（通证经济系统）、行业跨边界竞争……竞争和威胁是无边界的，可以来自各行各业。

技术无边界扩展、数据无边界流转、用户无边界存在……资源是无边界的，可以从各行各业获取。

无边界资源整合也许不能马上解决目前的困难，但是一种更长远的考量，是将更多的不同行业的资源集聚起来，进行一场“1 + 1 > 2”的正和游戏，从而让企业更好地在未来无边界经济中生存。

那么，如何实现资源无边界整合？

资源获取渠道无边界拓展。

资源利用社区化循环升值。

02

无边界获取，开放式连接

◎“创新思维之父”爱德华·德博诺表示：当其遇到麻烦时只会按照原方向加倍努力。正像挖金子一样，当你挖下 20 英尺还没有发现金子时，你的战略是再挖 2 倍的深度。但如果金子是在距你横向 20 英尺处，那么不论你挖多久也永远不会找到金子。（1 英尺 =0.3048 米）

◎ 网上曾流传着这样一句话：所有资源都在别人那里，所有的财富都在别人账上，所有的钞票都在别人口袋里，只要学会资源整合，你的就是我的，我的就是你的。

关于资源整合，有内外两方面之分，前文提到的无边界组织，其实便是一种“变相”的内部资源无边界整合过程（虽然在价值链穿透中涉及了一些外部资源的连接，但是还未涉及整合层面），所以这里我们强调外部资源的整合。

而关于外部资源，常见的整合方法如下：

借力。借资质、借名气等，弥补自己的缺陷，从而实现自身的快速发展。

借渠道。将自己的产品嫁接到对方产品中去或者与别人合作，借用对方渠道营销。

同业联盟。相同业态的企业之间进行合作，组成联盟，以便在竞争中占据更加有利的位置。

异业联盟。相比于同业联盟，异业联盟更加常见，因为彼此之间不存在竞争关系，没有直接的利益冲突，所以更具备合作的基础。

这些方法被很多企业运用于邻近产业或者毫无关联的产业突然进入某一个市场，抢夺用户，所爆发的“跨界商战”或“覆盖战争”中。但这只是资源整合过程中的“小打小闹”，并不是无边界资源整合。

为什么这么说？

“创新思维之父”爱德华·德博诺针对美国企业界存在的问题曾有过一段非常形象的论述：美国企业存在的一个很大的问题是，当其遇到麻烦时只会按照原方向加倍努力。正像挖金子一样，当你挖下 20 英尺还没有发现金子时，你的战略是再挖 2 倍的深度。但如果金子是在距你横向 20

英尺处，那么不论你挖多久也永远不会找到金子。其实资源整合的性质与挖金子一样，出于传统的思维，我们只会沿着“惯性方向”寻求解决的办法，往往忽视了整个存储金子的环境。当今“跨界商战”或“覆盖战争”的爆发就是存储金子的环境，有以下几个特点：

用户群一致，大家所服务的是同一群人。

所提供的服务可能不同，但是有可能都在满足用户同一方面的需求（同业联盟），也有可能满足不同用户的不同需求（异业联盟）。

用户一定是在合作中获得了更大的好处或更重要的位置，这需要结盟的商家让出一部分利益给用户与合作方，以换取更大、更长久的好处。

企业个体受限于自身基因传统，无法成为全能型机构，因此必须通过参与或建立生态系统，拓展能力和优势边界。

从中我们可以总结出两个关键词——“用户”和“生态系统”。而现在很多高手也都在玩生态系统。

比如阿里巴巴，以电商平台为基础，通过直接控股、兼并、整合一大批优秀企业，努力扩充完善自己的生态系统；腾讯通过投资控股、参股了上百家企业，围绕社交入口及内容服务，打造属于自己的完整生态系统；甚至包括后起之秀小米、字节跳动等也都在努力构建自己的生态系统。这些生态系统一般依靠用户和数据发挥作用。

通过平台引入或发展全新的业务线、产品、服务来吸引用户，保持高频的用户沟通、互动，以提升用户忠诚度并获得更多用户数据。

利用平台合理获取用户数据，进行数据挖掘，对用户进行筛选，迁移其他业务线、产品、服务，实现精准的市场营销，提升单个用户的贡献度。

通过用户的合理的行为数据记录，为其他业务提供大量的非金融数据，如社交信息、家庭信息、健康信息等，将其转化为共享数据资源，为用户画像、产品设计、业务拓展等提供极高的价值输入。

不管怎样，用户会是所有企业共同需要的资源，数据会是互联网时代无边界流转的最好、最高效载体。同时，这些系统中的用户和数据是开放的，可以让资源获取渠道无边界拓展。

因此，无边界资源整合的好方式是构建一个完整的生态系统，通过生态系统的开放式连接，实现资源获取渠道的无边界扩展。

有人曾将资源整合划分为四个阶段：初级阶段“1+1=2”；中级阶段“1+1>2”；高级阶段“1+1=11”；顶级阶段“1+1= 王”。套用这个理论：

借力是“1+1=2”，你通过别人的助力，得以快一步发展。

借渠道是“1+1>2”，对方借你发展力量，你丰富对方体系。

联盟是“1+1=11”，联盟中的企业可以共享用户和数据，多方彼此助力，实现更多的业务发展。

生态则是“1+1= 王”，处于利益共同体中，“你的就是我的，我的就是你的”。

那么，如何构建生态系统，实现资源无边界获取？

以平台或经济体为基础，承载多元化参与者。

以用户为中心，而非以产品、服务为中心。

以数据为支撑，用户和交易信息在系统中存储和共享，并充分利用已有数据简化交易操作。

以技术规则为接口，技术层面提供统一的技术规格规定、开放接口，并建立严谨的数据分享和使用准则，同时保护隐私和信息安全。

以利益机制为行为准则，通过有效的利益共享、利益分配，组建利益共同体。

以数据为支撑，Token是权益的数据化，能够在通证系统中存储和共享，且大大缩减了交易的流程和时间；以技术规则为接口，利用区块链的技术，能够有效保证隐私和网络安全。

网上曾流传着这样一句话：所有的资源都在别人那里，所有的财富都在别人账上，所有的钞票都在别人口袋里，只要学会资源整合，你的就是我的，我的就是你的。随着无边界经济发展，其实这一天已经不远了。

03

来自社交新零售的启示

◎ 第三任美国总统托·杰弗逊表示：理智、正义和平等都没有足够的力量统治地球上的人类，唯有利益有这种力量。

◎ 著名独立IT评论人洪波曾发出这样的疑问："互联网自从商业化以后，依次经历了接入时代（美国在线）、门户时代（雅虎）、搜索时代（谷歌），接下来会是人际关系时代吗？如果是，代表性企业会是Facebook（脸书）吗？"

如果说无边界资源整合以用户为中心，以数据为载体，那么社区则是资源整合生发作用的最后一公里。

其实，自2016年马云提出"社交新零售"商业模式后，互联网消费的最后一公里就已经被打通：在你还不需要的时候，你的需求其实就已经被提前预知，在你需要时，你“一公里以内的社交”中早已有人在提供此种服务。

那么什么是社交新零售？

新零售是线上、线下与物流结合消灭库存的商业模式，社交新零售简单理解就是依托于社交的新零售。

新零售消灭库存是将以前的规模化、标准化的生产制造变成个性化、定制化的生产制造，企业要达到这个目标一方面需要扩充销售渠道，另一方面需要大量的用户及其数据，充分了解用户喜好。但是单单如此企业还无法有效地长期吸引用户，于是大家又将目光转移到了社交新零售。

移动互联网时代，社交网络高度成熟，不仅社交网络本身成为互联网时代的基础设施，移动端流量的入口、信息分发渠道都更加多元化，大家的消费习惯随之变化，购买行为无处不在，且触发方式发生了变革，这一秒还在社交媒体聊天的你，下一秒可能就点开了一个链接购买一件商品。这些都为社交新零售发展提供了充分的条件。

社交新零售相比于新零售具备以下几个新特点：

人际关系是销售渠道。

信任可以为销售背书。

激励机制是核心驱动力。

面对新趋势，很多大企业纷纷开始布局，2018 年京东、国美、360、唯品会等均宣布进军社交电商，特别是唯品会已经推出社交电商项目——云品仓，实行 B2B2C（供应商对企业，企业对消费者）的模式，用社交重构“人”“货”“场”：在“人”上连接专业代购、中小型批发商，借助微信、QQ 等社交平台，从唯品会一个中心化的平台到无数去中心化的代购群体，撬动更多的用户；在“货”上，直接对接品牌方，提供正品低价货源；在“场”上，不再是传统电商货架模式，而是以人际关系为核心的社交销售。①

此外，云品仓设立了激励机制，成为店主、推荐他人成为店主可获得 10%~30% 的销售佣金和 100~170 元的推荐奖励，这是区别于新零售最为重要的地方。

在社交新零售中，我们可以看到：

不管是企业还是商家，都在进行人际关系社交“联盟经营”。

大家不再具备单一身份，而是拥有多重身份。

人们基于信任连接彼此的关系，互相支持、协作。

资源共享、利益共享，人们共同遵守一套激励机制。

其实这便是通证时代，也就是未来无边界经济的社区化特点。而在这样的社区当中，用户、数据、资产、产品

① 展讯直销邦．京东、国美、360 宣布进军社交电商，“直销 + 社交电商”能否杀出重围[R/OL]. [2019-03-13]. http://www.sohu.com/a/301016510_242112.

等都可以充分地得到流转、应用，实现循环升值。

比如乐高的分布式共同创造。

乐高有创意平台（LEGO IDEAS）和“design by me”设计平台。在这两个平台上，人人都可以注册成为用户，提交自己的创意方案，方案一旦获得平台多数人的认可，便可进入审核阶段，然后乐高会决定哪些可以进入生产阶段。

而促成更大幅度的开放式创新，则不得不提到“破坏规则者”这个顾客族群。乐高曾与MIT（麻省理工学院）合作开发Mindstorm机器人玩具，一推出没多久，就被“破坏规则者”公开了程序代码，起初乐高暴跳如雷，但后来乐高选择开放平台，果然吸引来了更多更有创意的点子。

自此之后，乐高便利用这类型的顾客进行新点子或机会的探索，同时成立乐高Mindstorm的交流社群。由乐高、MIT和使用者社群共同组成了一个包含供应者、合作伙伴顾问、外围制造商和教授等的完整生态系统。而乐高也借由利润共享、智财保护等配套措施，以分布式共同创造的形式实现了社区化资源整合、创新、创造。

著名独立IT评论人洪波曾经提出过这样的疑问：“互联网自从商业化以后，依次经历了接入时代（美国在线）、门户时代（雅虎）、搜索时代（谷歌），接下来会是人际关系时代吗？如果是，代表性企业会是Facebook吗？”我们可以肯定回答“接下来会是人际关系时代”，但是我们无法肯定“代表性企业会是Facebook”。因为社交正在营销、分工协作、利益分配等领域日益发挥作用，而社区化会是资源循环、升值利用的好方式（其实联盟本身也是一种社区）。

那么，如何利用社区对资源进行有效循环升值利用？答案在下一节中。

04

社区优化5法则

◎ 英国诗人、哲学家塞缪尔 · T. 柯勒律治认为：人确因与他人共存而改变。他的才能不可能在自己独处的情况下，光靠自己而发展起来。

◎ 亚当 · 斯密表示：只要不违反公正的法律，那么人人都有完全的自由以自己的方式追求自己的利益。

互联网的崛起让更多的人连接在了一起，形成了一种新型的人际关系网络，在这样的人际关系网络中，微商崛起、“网红”收割流量、社交新零售诞生……这种人际关系网络作用于我们时，就像英国诗人、哲学家塞缪尔 · T. 柯勒律治认为的那样：人确因与他人共存而改变。他的才能不可能在自己独处的情况下，光靠自己而发展起来。

随着互联网人际关系网络的深入发展，我们也从打破地理空间限制的社群关系阶段逐步跨越到了虚拟空间连接的阶段，也就是进入互联网社区阶段。

那么，这样的社区与我们所熟知的社群有什么区别？

社群是一种熟人社交，我们所熟知的社群经济解决的是流量问题和品牌传播问题，其商业模式是“内容 + 社群 + 商业”，主要目的是变现流量价值。而社区则是在社群基础上，一群有着共同利益的人（更多的陌生人）开始互动以促进这一利益，它多了以下 4 个主要特点。

不再仅仅以社交软件的圈子为载体，而是以一个完整的生态系统如通证经济系统为载体。

共识是前提要素，任何人都是因共识（价值观、共同利益、共同资源等）走到一起。

智能合约是维持要素，代码即法律，人人遵守智能合约规则。

激励机制是有效手段，在坚持正确的价值导向与原则方向的前提下，合理分工，组织有序地开展活动，并获得相应的激励。

比如通证项目中的社区，本身就是通证经济系统，它没有边界，每个节点都因共识自由连接，节点与节点之间的影响会通过网络形成非线性因果关系。正是这种开放的、扁平的、平等的组织结构，使得每一个社区成员都成为一个微小且独立的贡献者，参与到通证项目中来。

随着区块链应用的普及，未来这样的社区形式将会得到发展，到时社区不仅将变革未来企业组织形式，甚至会改变未来人类社会结构。而对社区的运营，除了一些社群拉新、激活、裂变等常规手段，也多了一些新的运营方法，概括起来为“人”“道”“法”“术”“器”5法则。

1.“人”——共识渗透

社区成立的前提条件是社区成员彼此之间达成共识，因此社区运营的第一步便是明确共识并将共识深入渗透社群每一个成员。通常的做法是围绕共识设立一个或多个明确的目标。

群目标要分层次，也必须为广大成员所认同，要有主张、有观点、有态度、有价值，围绕这个目标，社区成员朝着目标努力的过程即是社区共识认同的过程，也是共识一步步深入作用于社区成员的过程。

2.“道”——利他主义引领

这里“道”指人的思想观念，当社区作用于商业时，必然改变人与人之间的资产分配和利益分配，而利益就是我们人生观的一部分，因此凝聚社区力量的高级方式是统一价值观，一个社区想要长久发展一定要以人为本，有正确的思想观念，利己之前更要利人。

3.“法”——合约规范

“法”便是规矩、规则，也可以理解为维持整个社区可靠、稳定的行为规范，包括分配机制、奖励机制、共识机制等。社区要将这些机制纳入社区合约之中，形成统一、有序的规章制度。

这里强调一下区块链智能合约的先进性。智能合约是一种无须中介、自我验证、自动执行合约条款的计算机交易协议，具有去中心化、去信任、可编程、不可篡改等特性，可灵活嵌入各种数据和资产，帮助实现安全高效信息交换、价值转移和资产管理，在社区自动形成规范的行为。

4.“术”——技术支撑

“术”即技术。不管是社群还是社区，会有大量的课程分享、签到、分享链接等操作，需要优秀的管理软件和技术支撑。只是在社区中，这样的软件、技术与常规的社群软件、技术相比，需要关注管理软件与我们自身现有业务的对接及软件的开源情况，以便后期技术衔接。

5.“器”——项目落地

“器”就是产品、项目，也就是具体的目标。社区与社群不同，它除了包含社群的一些基本目标，如流量获取，更是与实体经济紧密相连，社区中的产品或项目会是实体经济中实实在在的产品或项目，并且社区每一个成员在这个项目中都扮演着不同的角色，产生作用并人人获得相应的奖励，活跃度高且转化率高的社区必是奖励机制优秀的社区。

亚当·斯密表示：只要不违反公正的法律，那么人人都有完全的自由以自己的方式追求自己的利益。未来，当社区在人类经济社会中日益在资源、组织、协作中发生作用时更会是如此。

你还在纠结于资源的获取和掌控能力吗

关于资源整合，很多人在认知当中总会有一个误区，认为自己缺什么，就代表什么更珍贵、更值钱，也就更需要什么。于是经常会出现这样一个现象：在资源整合概念中“资源”远远比“整合”重要，整合的关键在于对资源的获取和掌控。

也许没有什么能够证明这样的认识是错误的，但太过看重资源无异于把自己摆在了一个相对较低的位置上，会被对手一眼看到自身的短板。而当今时代，你所看重的资源也并非不可替代，比如即便你拥有了专利等知识产权，市场上也会有相应的竞品以及替代品出现，因此，我们不应太过看重资源以及对资源的掌控力。用通俗的话来理解就是：那些所谓能够被掌控的资源都是逐利的，即使你可以暂时地使用这个资源，它最终会随利益的消失而失去作用。

另外，无边界经济时代，绝大多数的资源围绕着用户，以信息化、数据化的形式处于一个相对开放的状态，我们所说的整合资源，也不都是去整合我们已经掌控或者能够掌控的资源，相对于我们需要整合的资源来说，我们能够掌控的资源一定是少数的。并且，在我们无法完成对资源独占的同时，我们的竞争对手或者市场其他的资源整合方对资源也不是独占的，因为这是一个开放的世界。

我们不要纠结于对资源的获取或掌控能力，而要认识到自己必须有能力整合更多的资源为自己所用。那么，如何才能保证我们有足够的能力整合到更多的资源呢？

（1）具备接触资源的能力。

思考如何让自己的项目、平台被更多大的资源方、资源平台、资源系统知道。是通过媒体、口碑等触达资源方，还是加入一个平台、一个社区，抑或组建一个联盟？要选择一个最直接、快捷的方式。

（2）保证共同获利。

资源整合是一种“1 + 1 > 2”的正和游戏，每一个被整合的资源都应当获得效率最高的利益回报，而这种利益回报是让资源整合后资源供给方、使用方以及参与者共同获利，且回报都大于参与者自身的回报期望值。

因此你要思考：通过什么方式、什么机制来打造一个利益共同体？利益如何分配更为公平、公正？

（3）自身及所处资源联盟的开放性。

既然我们要整合资源，我们的项目或者参与的组织联盟必须是愿意接纳各种资源的，在这样的前提下，我们才能够保证资源进来时不受到任何不必要的阻力。同时，保证足够的开放性可以提升资源被整合的“主动性”，会有资源方主动要求加入项目或组织联盟当中来。

CHAPTER 9 | 第九章

无边界产业全球化迈进

未来 10 年，各个行业都可能进行大规模的跨界整合，产业与产业之间的边界渐渐模糊，甚至完全消失，从而诞生新型的无边界产业。届时，商业的共同语言是技术和用户，没有所谓“非数字化”的存在……

BORDERLESS ECONOMY

01

产业边界无限延伸

◎ 雷军形容小米：像一条鲶鱼一样，去搅动行业，使传统企业加速升级，进而促使这个行业发生“革命”。

◎ 安迪·格鲁夫表示：要想预见今后十年会发生什么，就要回顾过去十年中发生的事情。

小米曾在2015—2016年遭遇了一场危机——小米手机滞销，公司利润暴跌。但是2017年却出人意料地走出危机，它是怎么走出来的？

这就要讲到雷军的远见了。早在2013年雷军就提出了一个解决方案：搭建一个由100多家初创公司组成的生态系统，为小米提供其他互联网家居电子产品。雷军给这些初创公司提供“种子基金”，协助它们进行产品设计、制造，提供价值适中的供应链以及低成本的运营机制。于是顾客可以在小米商店一站式买到蓝牙耳机、手机配件、智能家电系统等各类产品，且物美价廉。这让小米重获用户青睐，小米也由此走出了危机，正像雷军所形容的，小米像一条鲶鱼一样，去搅动行业，使传统企业加速升级，进而促使这个行业发生“革命”。

无独有偶，2017 年，媒体生态圈也发生了一个重大变化，科技公司开始大量跨界进入媒体产业，亚马逊、Google、苹果、Netflix（网飞）等企业先后进入媒体内容产业，中国“BAT”也在跨界。比如，亚马逊的业务领域最初是电商、数字阅读，现在已经跨越到云计算、物流、无人机、医疗、食品连锁超市、实体零售点以及时尚服饰等领域。

安迪·格鲁夫表示：要想预见今后十年会发生什么，就要回顾过去十年中发生的事情。过去十年，我们看到，各行业在进行大规模的跨行业整合，产业与产业之间的边界渐渐模糊，有些甚至完全消失，并呈现出以下特点：

一家企业同时在多个行业参与竞争。

新进入的行业与原本业务呈弱相关性。

构建网络型无边界生态圈，新建生态系统包含不同合作伙伴，目的在于产生协同效应，伙伴之间相互依赖，共生共荣。

合作伙伴之间的关系为合约性质，通过合约确定正式规则，比如规定数据共享路径、付款模式、收入分配等。

通过数字接口，为用户提供多行业解决方案，不用离开这个生态圈，用户就能够在分秒之间享受端到端的综合体验服务。

有人将这一跨界浪潮归结为“Sectors without borders”——无边界领域，其实更确切的应该是“Industry without borders”——无边界产业。

通证时代，产业边界呈现出趋于无穷的新特征，商业生态系统产生巨大变革，新的商业生态系统产生，进而将一些以智力、品牌、网络等无形要素为主要驱动要素的产业，如创意产业、文化产业、服务产业、信息产业等转变为无边界产业，全球的财富与价值创造产生巨大的转变。①

也就是说，无边界产业将不会以集中化资源来定义，而是以生态系统来定义。

举个我们日常生活中的例子——买房。现在，找房、买房、贷款、卖家保险、翻新、二手交易、出租等，几乎所有与购买和拥有物业有关的一切，都可以共生在一个生态系统中，同时这个生态系统可能也连接着礼宾服务、智

①MBA智库百科．无边界产业[R/OL]．[2019-03-13]．https://wiki.mbalib.com/wiki/No_Boundary_Industry.

能技术和物业管理服务等。而加入这个生态系统的不同企业，它们提供不同的业务、服务，围绕房地产形成了一种以服务为主的新型地产服务产业。

麦肯锡预计，到2025年，将会有12个围绕满足人类和组织基本需求的大规模生态系统出现，这12个生态系统的收入总价值将达到60万亿美元，约占全球总收入的30%。其实，如果对这12个大规模生态系统详细分析的话，其背后是一种新型无边界产业。

移动互联网系统，主要包括无线技术、小型低成本计算机存储设备、先进显示技术、自然人机接口、先进廉价的电池等，应用于服务交付、员工生产力提升，移动互联网设备使用带来的额外消费者盈余，形成价格不断下降、能力不断增强的移动计算设备和互联网连接服务产业。

知识工作自动化系统，主要包括人工智能、机器学习、自然人机接口、大数据，应用于教育行业的智能学习、医疗保健的诊断与药物发现、法律领域的合同/专利查找发现、金融领域的投资与会计，形成可执行知识工作任务的智能软件系统服务产业。

物联网系统，主要包括先进低价的传感器、无线及近场通信设备、先进显示技术、自然人机接口、先进廉价电池，作用于流程化（尤其在制造业与物流业）、自然资源的有效利用（智能水表、电表）、远程医疗服务、传感器增强型商业模式，形成数据采集、监控、决策制定及流程优化的廉价传感器网络服务产业。

云系统，主要包括云管理软件、数据中心硬件、高速网络、软件/平台级服务，应用于基于互联网应用及服务交付、企业IT生产力，形成利用计算机软件、硬件资源提供互联网或网络服务的产业。

基因系统，主要包括先进DNA（脱氧核糖核酸）序列技术、DNA综合技术、大数据及先进分析，应用于疾病治疗、农业、高价值物质生产，形成具有先进性、综合性的生物科技服务产业……[①]

这些大规模生态系统，将把一种类型的商业活动——产品采购、医疗或教育等所有相关活动，都连接成为一个巨大的无边界产业。

比如，德国工业4.0提到的CPS（数字化工厂），是一个协同计算元件控制物理实体的系统，今天已经广泛分布在航天、汽车、化工、土建、能源、医疗、机械制造、交通、娱乐和（家电）消费品行业。

今后，我们会发现传统观念中的制造业、服务业之间的边界会越来越难以划分，你中有我，我中有你，而且可以相互延伸。而这个变化正是企业转型升级过程中

① 百度文库．麦肯锡PPT决定2025年经济的12大颠覆技术［R/OL］．［2019-03-13］．https://wenku.baidu.com/view/045548e9f121dd36a32d82cd.html．

我们所要具体面对的事情，所以这要求我们一定要有新的对策。

企业发展驱动要素以“软”为主，以便更好地融入无边界产业中。

时空维度通证破解，实现无障碍交易、流通。

深耕供应链，构建产业互联网根基。

02

驱动要素以"软"为主

◎ 乔·巴克曾表示：对于未来而言，有三把钥匙——预测、创新和卓越。

◎ 伊恩·C.麦克米伦曾表示：企业所采用的战略应该能够打破政策的产业发展进程并创造不利于竞争者的新的产业条件。

互联网出现之前，人类产业发展靠能源、土地、机械化等要素驱动；互联网时代，产业发展靠创新驱动，新技术、新模式、新业态等倒逼传统企业走向转型升级之路。

同时，资源匮乏、环境污染、市场饱和、工业危机等成为各国经济发展的瓶颈，故而有了"新旧动能"转化之论，加之世界主要发达国家的经济重心也在转向服务业，产业结构呈现出由“工业型经济”向“服务型经济”转型的趋势，形成了以服务业为主的“三、二、一”经济结构。

在这样的形式下，很多人已经敏锐意识到创新要素对新经济的巨大作用，也纷纷研究、挖掘新的机遇，并归纳了三个理论：爆发论、机会论、生态论。

爆发论，认为在新经济时代，创业企业呈现非线性发展特点，创新生态系统形成后，一旦越过发展的“奇点”也会呈现爆发式增长，如这些年非常热的大数据产业、人工智能产业、生命技术和生命科学产业等都是典型的代表。

机会论，认为外部环境的变化速度正在出现跨数量级增长，过去产业选择需要一个分析过程，现在企业要动态地把握机会，抓住机会是当下获得爆发式成长最为核心的要素，然后用爆发式来倒逼企业生态建设。

生态论，认为新经济的发展离不开创新主体，要让创新要素流动起来，形成一个生态系统，当建成生态时，生态本身便会成为企业重要的资源要素之一，企业可利用自身的生态系统整合更多的资源，拓展生态发展空间，形成更为完善的大生态。[①]

这三个理论很有前瞻性和洞见性，正如乔·巴克所说的那样：对于未来而言，有三把钥匙——预测、创新和卓越。他进一步阐述了这三把钥匙是展望未来、改变现状和创造优势。其实我们可以将其统一在无边界产业发展过程当中。

“硬驱动”，以产品、服务为中心，围绕能源、土地、劳动力等有形要素推进产业发展，曾宽泛地覆盖利用传统经营模式的第一产业、第二产业、第三产业。

“软驱动”，以用户为中心，以技术直接驱动，围绕科技、知识、创新等要素，产业机会、产业资源、产业创新、产业运营、产业生态随着不断变化的消费需求及技术融合情况动态组合，消费需求的多元和变化也将进一步加深产业发展边界的不确定性。

而促使这种“软驱动”形成的，是人类生产力的发展和前进方向正在发生的重大变化：

快速的技术变化，从前需要时空来界定一类产品或产业的周期，现在则需要确定消亡的时间。

快速的技术普及，不仅仅是技术本身的快速变化，更为可怕的是快速变化的技术以更快的速度普及，从而带来

① 长城企业战略研究所．新经济机会论（上）[R/OL]. [2019-03-14]. http://www.doc88.com/p-4344839513514.html.

人们消费方式、思维方式、生活方式的全新变化。

知识重要性增加，知识在今天的环境中不仅可以编码化，还可以成为被贮存的资源和能力。

这样的变化使正在酝酿的科技革命和产业变革出现了一些新的特点，如太空互联网、工业互联网、能源互联网、物联网等网络形态不断涌现；智能生活、智慧城市、智慧地球等正在形成无时无处不在的信息网络环境……我们已经不能明确区分哪一类企业属于传统产业，哪一类企业属于新兴技术产业。同时竞争基本性质改变了：竞争不再是输赢的状态，也不是双赢的状态，竞争已经转变为发展，确切地说，竞争是为了发展，而竞争力便是“软驱动”要素：“科技 + 知识 + 创新”。

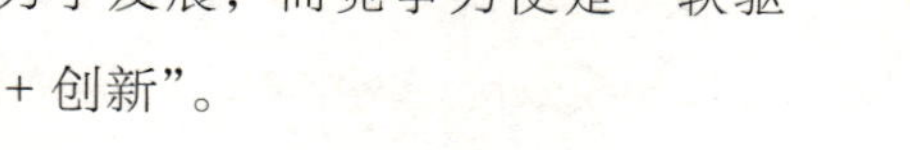

那么，如何获得这样的“软驱动”要素？

伊恩·C .麦克米伦曾表示：企业所采用的战略应该能够打破政策的产业发展进程并创造不利于竞争者的新的产业条件。如今这样的产业条件就是在产业发展进程中，打造动态变化的产业边界，顺应无边界经济发展趋势。

战略国际化。在当今经济全球化的时代，企业要积极主动地参与全球的产业分工协作，分享全球分工协作的红利。

企业数字化。搭建无边界组织系统，数字化管理、经营等环节。

生产信息化。在市场竞争日益激烈和快速变化的用户

需求使产品利润空间受挤压的双重压力下，推进生产信息化，借助信息化手段实现精益生产和智能生产。

产品服务化。始终以用户为中心，并转变观念，不再向用户卖产品，而是为用户提供他们现在或未来所需要的服务。

服务高端化。高成本时代，为了更好地消化高成本，要提高服务的附加值，这样的附加值可以来源于知识、技术，也可以来自品牌化，更可以来自价值观塑造。

产业生态化。对每个企业来说，要尽量成为产业生态中的“种子企业”，或主动参与产业生态，降低生产成本、营销成本、运输成本、学习成本等，从而一起与合作伙伴打造规模效应、网络效应、集聚效应等。

绿色低碳化。绿色低碳是世界潮流，企业要按照节约资源、保护环境的要求去发展。

如果说曾经的“硬驱动”创造了人类工业的辉煌，今天的“软驱动”在融合的广度、深度上都更胜一筹，它将进一步打开人类生产和生活资源、环境、市场的新空间，从而把人类生产方式、生活方式提升到一个历史新阶段。

03

时空维度通证破解

◎ 哲学家休谟在《人性论》中表示：空间和时间观念不是个别的或独立的观念，而只是对象存在的方式或秩序的观念。

◎ 生物学家 T.H. 赫胥黎在《人类社会中的生存斗争》中表示：将演化想象为一种指向完美的恒定趋势是错误的。这一过程无疑涉及有机体在适应新条件过程中的不断重塑；但它要取决于那些条件的性质，即那些变化的方向是趋于上升的，还是趋于没落的。

在前文中，我们说“从前需要时空来界定一类产品或产业的周期”，一种产品在市场上的销售情况和获利能力并不是一成不变的，而是随着时间的推移发生变化，产品会随着“时”（消费需求变化）、“空”（市场前景变化）的演绎经历诞生、成长、成熟和衰退的过程，就像生物的生命历程一样。

但是今天，随着全球化以及基于大数据、云计算、区块链等新兴技术的发展应用，人们对知识、技术、媒介进行系统化重构，消解了边界固定的物理时空对人类认知的限制，重构了自由开放、灵动流通、虚实交互的商业时空及人类认知方式、呈现形态、传播渠道与理解环境，我们发现自己正处于一个地球村中，正在迅速地进行贸易和信息交换。

也就是说，今天我们已经不惧怕时空的“慢”，而是开始恐惧互联网所带来的时空“突变”：

时间变化。每个人上网的时间是有限的，时长也相对稳定，所以整个世界每天的关注时间其实是一个几乎恒定的池子。在商业网络中，你能得到别人的关注本质是在网络中圈了一块“地”，打造了一块“价值模块”，而这个“价值模块”的核心竞争力来自你的产品或服务，更来自模块自身所提倡的价值观及所营造的文化圈，你以人格、意识形态、价值观、兴趣等为模块产生聚焦，从而让大多数人从现实世界穿越到你的这个“价值模块”。

空间变化。原有的商业网络是一张平面的网，从 A 点到 B 点的最短路径是直线，其路径易于判断，会吸引其他的节点，这些节点意味着竞争。现在新兴的互联网技术已经重构了一张和原来商业网络交织的新型网络，空间从二维升级到了三维，而在三维世界中有无数条从A到B的路径，这意味着竞争对手无法判断你，你也无法判断竞争对手，甚至无法判断谁是竞争对手。

所以，虽然周期研究在今天的商业活动中依然有必要性，但是现在乃至未来很长一段时间内，当竞争不再局限于同行业，竞争中心不再是产品和服务，“计划赶不上变化”的情况总能让我们措手不及。

那么，我们要如何应对这种时空“突变”？通证经济给了我们极大的启发。

“镜像世界”节点间Token自由连接，预防“降维打击”。

共识先行，“价值模块”在意识、观念上本身具有关注度和认可度。

数据流转，智能合约自动执行，极大提高流通、交易效率。

因Token是现实权益数字证明，其所构建的通证世界与现实世界是互为镜像的两个世界，如将实物资产映射到互联网上，转变成互联网上的数字资产，数字资产与实物资产互为“镜像”，这不仅模糊了虚拟经济与实体经济的边界，还模糊了不同行业的边界，通过Token这个媒介，人们可以在商业网络中与其他节点连接，这种效应正在向企业、用户、产品服务快速蔓延。

通证经济通过一个因共识而构建的开放网络，先在人们的意识、观念中产生了作用，而其社区化运营方式，本质是在共识下打造一个文化圈，以吸引同质、同好之人关注、加入、交流、互动，并可搭载产品、服务，以共建共治为保障，链接供给与需求，构建物理社会与数字社会互相映射促进的“价值模块”或生态圈。

通证系统是工具不是目标，其作用是将真实世界通过这个系统镜像化出一个数字化的世界，真实世界中的资产、权益、产品、服务以及使用、交易、流通等行为都以数字化的方式分布在分布式账本上，链上的每一个人都能够一目了然地掌握基本信息，并跨越时空地看到资产的实时动态数据，降低信息获取成本，且通过技术手段，将资产信息进行加密和存放，不可篡改。在这样的数字化世界，未来时空的特点，与其说是科幻上的穿越，还不如说是生产要素将更自由地排列组合或者穿越。

连接即所有。资源不再是企业独自披荆斩棘去获得，而是通过连接来共享。

共识即文化。基于共同的价值观、兴趣等提炼共识，打造文化圈。

行为即竞争。商业网络中每一个企业的行为都可能包含与另一个企业的隐性竞争。

数据即资产。价值网上的数据都将因为需求而成为企业重要资产。

节点即渠道。转变以往垂直式分销观念，以用户节点为核心，实行网状社交式分销。

数字即流通。“虚实结合”打破传统商业的流通、交易方式。

代码即合约。用代码取代文本成为合约呈现形式，自动执行。

社区即模块。以社区的形式在商业网络上构建“价值模块”。

全球化、互联网所引发的时空演化是时代趋势，将愈演愈烈，在这一过程中希望你能完成自我重塑，决胜全球化竞争。

04 深耕供应链

◎ 美国著名供应链管理专家马丁·克里斯托夫表示：市场上只有供应链而没有企业。

◎ 网上曾流传这样一句话：有利润的企业说不定会破产，但持有现金的企业永远也不会破产。

不管是 PC（个人计算机）互联网时代还是移动物联网时代，都是消费互联网时代。巨大的人口红利释放，大量资本涌入，几乎所有的公司都采取了简单粗暴的方式来获得高速增长。

但是，人口红利消失，各线上行业渗透率已经接近天花板。比如，2017 年年初微信用户就已达到 10 亿人，覆盖了中国绝大多数人口，可以说除了婴幼儿以及七八十岁老人，腾讯基本把中国人口的流量池给“榨干”了。互联网巨头过去所积累的优势也难有发挥空间，近几年，阿里巴巴、京东成交总额增速开始放缓。

在流量焦虑下，创业公司开始不断“向下探索”，如趣头条、快手下沉二、三线城市，获得崛起。但是它们也将很快遇到增长瓶颈，比如快手在两年前月活跃用户是8000万人，截至2018年6月达3.2亿人，增长遇到瓶颈，同时抖音崛起（月活跃用户2亿人）也抢占了一部分用户，消费互联网流量之争已经是零和游戏[①]。

发展是企业的本能，也是当今竞争的核心，发展停滞的企业必然消亡。只是当企业发展“向外”之路困难重重时，我们应当将目光由“外”转“内”，清晰地看到一条新的发展路径：产业互联网——借力大数据、云计算、智能终端以及网络优势，提升内部效率和对外服务能力。

比如，2018年，阿里巴巴再提“新制造”，希望利用大数据、云计算、物联网来改造中国传统制造业，将其与互联网对接，实现智能制造。腾讯进行组织架构调整，发布《扎根消费互联网，拥抱产业互联网》的公开信。它们都以各自的方式进军产业互联网。

---

① 零和游戏：参与博弈的各方，在严格竞争下，一方的收益必然意味着另一方的损失，博弈各方的收益和损失相加总和永远为“零”，双方不存在合作的可能。

与消费互联网相比，产业互联网最大的特点是用户、数据、支付统一，也就是说，在产业互联网中已经有了现成的用户和数据，进入的企业只需要花力气研究新领域的特性，而无须另起炉灶琢磨流量和渠道的问题。这也是当今企业得以打破壁垒从一个领域快速进入另一个陌生领域的主要原因。

正是这种跨领域，诞生了很多新企业，且我们很难将其定义。我们还发现很多耳熟能详的企业在不断发展的过程中，形态也在不断地演化，业务边界越来越模糊，逐渐地出现了无边界产业。

所以说，产业互联网既是无边界产业产生的一个条件，也是无边界产业发展的一个分支，且产业互联网相比消费互联网更具有生态化发展倾向，其用户、数据、支付的统一便是生态化的一个非常有力的保证。目前多数企业的转型升级也将依赖产业互联网实现。

那么，我们要如何根植产业互联网并占据有利的竞争位置？

除了前面提到的对内进行自我改造，以便更好地接入产业互联网，企业要懂得切入交易环节，掌控供应链：

深度参与供应链。

涉及更多的动态交易。

让供需双方的关系更高效。

现在很多人都提为用户提供极致体验。但是从电商到

O2O（线上到线下），用户体验已经被推向了极致。在平台经济、分享经济等趋势下，用户体验想要做到极致，也不仅仅是一个企业、一个平台就能完成的，往往需要相关商家、企业来共同努力，产业互联网中更是如此。

在产业互联网中，我们围绕着一群有着共同属性的用户，不断挖掘其需求，并与其他企业一起为用户提供全方位的产品和服务，共同改善用户体验。因此，产业互联网中不存在流量之争，也不存在用户体验之争，而是供应链的参与度之争（无边界产业更是如此）。

美团以团购起家，发展到现在，它拥有外卖、猫眼电影、酒旅等服务。虽然它无边界扩张的业务中都有相应的小巨头或领先者，但是美团在进入之后总能抢得一杯羹，为什么？因为它是切入交易环节的企业，面对的是一个双边市场：一端是商家，另一端是用户。对它来说，商家越多，用户越多，反之亦然。它好比供应链上的一个商家与用户的“中转站”或媒介，其业务扩展也是为了令自身能为同一群用户提供更多的动态交易（外卖、猫眼电影、酒旅都是动态交易），一方面始终持有现金流，印证了网上那句“有利润的企业说不定会破产，但持有现金的企业永远也不会破产”，另一方面动态交易往往与用户日常生活所需相关，能够让用户更为信任、依赖企业，从而加重自身在产业互联网中的话语权。

传统的企业经营往往更关注企业本身发展及竞争对手

的状况，而打造产业互联网需要企业家站在整个产业链的角度，同时关注上游供应商及供应商的供应商，下游本企业的客户直至终端用户，转型升级为“产业家”。

所以，不管是发展产业互联网还是无边界产业，都需要我们改变传统的思维和做法，在未来趋势上对企业做出新的探索、思考和判断。

你的产业无边界“野心”将如何进行

无边界产业发展，是近年来全球产业界出现的新现象，产业生态群是网络型的，它将以新科技革命、新产业变革、新发展模式带来前所未有的挑战，同时，企业更有前所未有的机遇。

那么，面对这样的新形势，你要如何快人一步地走向产业无边界或产业互联网？

（1）审视与相关产业的融合情况。

你在产业分类体系中能否“对号入座”？你与产业的其他企业合作情况如何？你们之间是否能够进一步加深合作？

（2）审视你的用户分布情况。

你的核心用户主要分布在哪个平台、系统？你与这样的平台、系统合作情况如何？有没有进一步加深合作的可能？

（3）自检目前驱动企业的要素是什么。

这些要素是人员、还是本章所说的“软驱动”要素？如果不是“软驱动”要素，需要如何转变或嫁接？

（4）自检自身在整个产业中的地位。

在整个产业中，你的企业处于什么地位，是被人“串联”的供应商，还是“串联”他人的“中转站”？如果企业被“串联”，在战略上你需要做出哪些调整？目前企业是否具备转型条件？如果不具备，你将如何过渡？

CHAPTER 10 | 第十章

领导着力，一种演化过程

无边界经济的到来，带领组织走向无边界，是当今企业领导层面对的极艰巨也极令人兴奋的任务之一，这不仅是企业转型升级、组织成员改变自身命运的契机，也是领导者自身接受考验与重塑领导风格的契机和挑战……

BORDERLESS ECONOMY

01

从OKR到分布式领导

◎ 管理学大师彼得·圣吉有这样一个论断：领导力是分布的，领导力并非只属于 CEO，它能够且应该渗透到公司所有层级中。

◎ VISA（维萨）创始人狄伊·哈克表示：领导不是控制，不是管理，领导就是其本身的含义。领导自己，领导你的上司，领导你的同伴，使得人们去做同样的事。

什么是领导力？

国内一些学者认为领导力是鼓舞和引导他人梳理并实现共同愿景的能力，还有学者认为领导力就是领导者对被领导者的影响力。而国外一些学者，如美国学者斯蒂芬·P. 罗宾斯认为：领导力就是影响一个群体实现目标的能力。还有人指出领导力是个人的能力……

从领导理论和领导学科诞生起，人们研究的视角几乎都聚集于领导者个体，也就是以领导者为中心，通过注重领导者气质特征、行为、认知等来找出领导力运用的技巧，着重提升领导者的个人技能。准确来讲，这种领导力更像是领导者个体能力的发展，这样的观念也是当今世界关于领导力的主流观点。

诚然，这样的研究取向从某个角度来说是领导活动过程规律的反映，也有助于深化领导活动的有效性和高效性。但是这在无形之中助长了领导力和领导权的专属性倾向，容易导致专权、独断、个人英雄主义等领导误区。

随着无边界经济的到来，传统的层级化组织模式越来越不适应快速变化的市场环境，企业正在逐步走向无边界组织，实行扁平化、去权威化、去中心化等一系列人力资源改革以求缩短决策链。这些措施在提升企业效率的同时，对企业的领导力有着新的要求和挑战。

比如，很多企业为了改善绩效管理纷纷学习 Google，将 KPI[①] 改成 OKR[②]，为什么？

虽然 KPI 和 OKR 都强调目标，同时都需要执行力。但 KPI 是“要我做的事”，是一种以理性、行政手段和履行契约方式实现的“外在激励”；OKR 是“我要做的事”，是一种基于价值观、理解、愿景以及情感变化的“内在激励”对个人内在的自我驱动，帮助个人达成自我成长，是一种自我领导的工具，关注的是以被领导者为中心的领导力，只有提升领导力才能获得超出预期的目标和结果。从中我们可以看出，领导力已经从关注领导者开始转移到关注被领导者。

除了 OKR，近几年西方领导力研究领域极具革命性的概念之一是分布式领导。

分布式领导理论与 OKR 一样出现在 20 世纪 90 年代，一开始指分布于学校组织中的领导者、追随者和特定情境交互作用网络中的一种领导实践理论。它强调领导的实现是领导者与其他因素交互作用的结果，而不是领导者

① KPI：关键绩效指标，通过对组织内部流程输入端、输出端的关键参数进行设置、取样、计算、分析，衡量流程绩效的一种目标式量化管理指标，其理论基础是二八定律，即 20% 的骨干人员创造企业 80% 的价值。

② OKR：目标与关键成果法，是一套明确和跟踪目标及其完成情况的管理工具和方法，主要是明确公司和团队的目标以及明确每个目标达成的可衡量的关键结果，可以在整个组织中共享，这样团队就可以在整个组织中明确目标，帮助协调和集中精力。

个人行为的作用。贝内特及其同事在文献研究的基础上，指出了分布式领导的三个特征。

领导是互相作用的网络或团体的自然属性。

领导边界具有开放性。

多样性的专业知识能够得到最大分布。

分布式领导发展至今已经从教育领域迁移到了商业领域，并出现了一个典型范例——Facebook。

Facebook 采用以 CEO 扎克伯格为中心的分布式网络结构管理组织架构，即整个组织是一个完整有机的系统，实现企业内部信息、资源的高效、多途径流通。这种分布式领导有四个显著特征：

组织架构呈无边界网状，看不到领袖，也看不到下属，开放式网络平台构建了人人平等的组织体系；

不会预先设定工作流程、角色、职责，或员工关系，而是让它们逐渐形成；

创造变革的环境，让成员及组织处于“创造性的不稳定”中；

尊重一线人员，让他们代替企业领导者成为企业网络中的关键节点。

也许你会觉得 Facebook 本身的社交属性决定了它具备分布式领导的条件和优势，对于很多传统企业来说这种领导方式还有点天方夜谭。其实并非如此。

通证经济系统本身就是一个开放的、人人平等的组织系统。

在系统中，每个人可以根据自身的参与方式决定自身的角色和分工。

Token 时刻处于动态变化中，其变化会直接作用于每一个成员。

人人都是系统的重要节点，根据共识和智能合约各自有着权限和权益，并共同作用于系统。

管理学大师彼得·圣吉曾有一个论断：领导力是分布的，领导力并非只属于 CEO，它能够且应该渗透到公司所有层级中。而这种充分渗透公司所有层级的领导法，会产生很多有利于企业高效健康发展的效应，如知识聚集效应、时间加速效应、技术扩展效应等。

分布式领导也被很多人称为“领导力的明天”，因为它与当今移动互联网时代高度吻合。

外部环境的复杂性及各种边界的模糊性，经常使单独作战的领导者无所适从。

更加专业化的知识性员工具有高度自主性，他们希望寻求施展自身才能和抱负的机会。

无边界组织已是大势所趋，组织中更需要群体的领导力而非个人的领导力。

也就是说，无边界组织方式将固定的领导与被领导的关系变得动态化，人们开始倾向于关注领导力在团队实现共同目标的过程中的作用，我们也可以将这种关注领导者与被领导者动态的互相影响的过程称为共享领导力。

具体来说，共享领导力注重团队中的个体相互带领，从而组建一支高效执行团队。在这个过程中，领导者的角色并不是落在一个人头上，而是在团队成员中根据实际情况和需要适时转换，促使团队朝着共同的目标前进，也就是让团队成员按照所处的环境与目标需求，积极主动地将领导者的角色转换到自己的身上。

当然，这里的无边界并非指完全地消除组织边界，而是为了让组织运行更加高效、灵活；共享领导力并不排斥领导的存在，高级管理者们的责任不再是决定前进的方向、控制工作的进程，而是慎重确定共享领导的合适人选，发展团队领导技能，让领导者的角色能够在具备优秀才能的人之间转移，从而建立一支强而有力的团队，让团队成员拥有共同的愿景目标，平等参与、互相影响、共担责任并彼此合作。

02

转变的3个挑战

◎ 通用电气的前首席执行官杰克·韦尔奇表示管理就是把复杂的问题简单化，混乱的事情规划化。

◎莫尔斯法则：可持续竞争的唯一优势来自超过竞争对手的创新能力。

如果对人类发展至今的企业形态进行一次代际划分的话，企业已经从 1.0 走到了 4.0。

1.0 时代，股东价值形态，企业从家族式过渡到股份制。

2.0 时代，精英价值形态，资本雇用人才，高级人才作用突出。

3.0 时代，用户价值形态，产品过剩，用户价值凸显。

4.0 时代，利益相关者价值形态，无边界经济开始生发，生产力、生产要素、组织、资源等都在发生深刻变革，人类日益团结、合作在一张具有共同利益的价值网中。[①]

企业形态进化路线如图 10-1 所示。

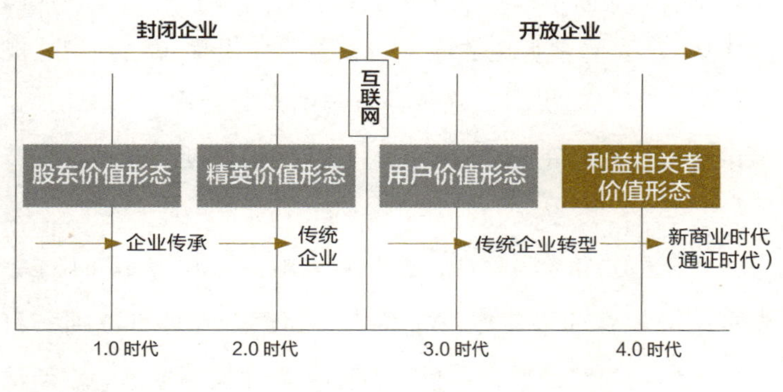

图10-1 企业形态进化路线

不同的企业形态，要有不同的管理模式，传统的产品管理、职位管理与企业 1.0 时代、2.0 时代相得益彰。然而，互联网就是一座分水岭，它连接用户、连接所有利益相关者，打破了 1.0 时代、2.0 时代企业封闭的管理模式。目前我们正在经历 3.0 时代，一只脚却已经迈进 4.0 时代，也就是说传统企业转型阶段，管理模式相应地需要一次转型、升级。

---

① 组织形态管理．杨少杰：垄断型、集群型、生态型，你是哪种商业模式 [R/OL]. [2019-02-15]. https://www.sohu.com/a/190380222_490418.

而 4.0 时代以无边界经济为主导，通证经济系统日益落地实体，这要求领导层有效直面实际管理中的 3 个挑战。

1. 经营现在的同时为将来而转变

转型期间，对企业来说现在和将来可能会进行“拔河比赛”，我们常听见的便是“领导，如果你想让我们达成这种变革，那我们只好牺牲今年的部分利润”“领导，如果你想让我们完成今年目标，那我们只好延长或搁置变革时间”。

于是，身为领导者，你左右为难：一方面，你不能完全忽视现在而仅仅专注于将来，如果企业还打算拥有将来，必须先保证现在；另一方面，你在担心自己对短期结果的关注会危及公司的长远战略。

其实，你完全不必要有这样的顾虑。杰克·韦尔奇表示：管理就是把复杂的问题简单化，混乱的事情规划化。

作为一家传统的制造企业，通用电气早年的产品主要是工业产品。但在 20 世纪 80 年代美国经济萧条时期，制造业的利润日益微薄。而当时作为产品附加值的售后服务毫不起眼，但有着令人想不到的广阔市场。韦尔奇看到了这一趋势推出了服务战略，确立的服务远景是：21 世纪，通用电气既是一个销售高质量产品的公司，还是一个提供全球化服务的公司。随后 20 年通用电气一直保持两位数的增长。[①]

面对现在和将来的挑战，你不应该怀疑和惧怕，要在管理中将“单重心”转变为“双重心”，用“双手”管理：

一只手掌控当前的经营方向，专注于可衡量的短期经营成果；

另一只手为将来筹划，把结果视为无边界转变的驱动力。

管理者可以恰当地引入并坚持某种平衡的绩效评价方法，也就是让自己的目光超越 KPI 这样的数字本身，从这些数字当中，探索、融入一些将来的硬性和软性的关键性指标，如客户服务水平、员工满意度、推出新产品的速度、关键流程周期、竞争对手及行业创新等。当你像对待 KPI 一样热情地关注这些指标，绩效评价发出的信号就是现在和将来必须得到保证。

2. 管理不确定的变革过程

无边界企业是一个有生命的、不断成长的实体，这就好比我们面对的是一个正在成长的孩子，我们可以根据当前的社会环境及其自身的素质条件，知道他需要或会成为一个什么样的人，但是不可能预知他还蕴藏着多大提升潜

① 黄林．GE之路：通用电气的服务战略[R/OL].[2019-03-13]. https://wenku.baidu.com/view/45457a1c02020740be1e9b81.html.

力，而其成长过程中更是存在着种种变数。

比如，等级模式的转变必然影响企业各职能间的相互配合。企业赋予执行团队更大的权限，几乎总会促使团队成员们寻求更为广泛的跨职能参与，更深入经销商、更关注客户、在企业中寻找同等群体共同分享最佳实践、协调供应链等，就像孩子越成长越想要拥有更多的自主意识和权利。换句话说，无边界转变一旦运转，可以释放出巨大的能量，引发连锁反应，并且有着难以预测的演化潜力，尤其是当人们被调动起来，并为有机会掌握自己的命运而感到兴奋时。

另外，无边界组织目前缺乏可定义的结果，也就是说，很多积极致力于打造无边界组织的高级管理者，仍旧在寻找他们自己心目中的无边界组织管理范例，因为他们不清楚这个过程会将他们带向哪里。唯一可以明确的是莫尔斯法则：可持续竞争的唯一优势来自超过竞争对手的创新能力。而在无边界转化的过程中，每一个新的发展都会引发我们对新的可能性的认识，这种对新的可能性的认识永远也不会结束，只会受到参与者的想象力和创造力的限制。

杰克·韦尔奇曾经发动了通用电气的“群策群力”计划，他将之描述为“一次长达十年的探索”。后来，当通用电气的很多管理者继续追问什么是“群策群力”时，杰克·韦尔奇却没有下定义，只是设计了一个演示幻灯片告诉大家成功的时刻就是通用电气成为“地球上最富有成效的企业”的时刻。当然，即使通用电气真的成为“地球上最富有成效的企业”，也仅仅是无边界管理银河系中的一个出色起点。

因此，在面对无边界管理转变的不确定性时：

我们无法只考虑一个变数，要尽可能将最坏的结果罗列出来，并从中寻找规避的方法；

建立一个可迭代的愿景，而不是一个宏伟计划，要将设定可定义、可达到目标和战略计划的习惯，转变为一种追踪社会经济变化趋势、评价自身影响、尝试新经营方式及利用经验更上一层楼手段的战略思考习惯。

3. 正视个人转变带来的挑战

当前大多数的企业主管是伴随着曾经在二十世纪七八十年代非常有效的领导模式成长起来的。特别是中国改革开放初期的企业领袖，作为中国市场经济第一批“吃螃蟹”的人，他们大多是强硬的决策者，都曾用“铁腕”来管理自己的企业，随着改革开放的深入发展，他们也都逐渐成为买卖企业的交易者和财务上非常精明的控制者，尽力从每一次交易中赚取财富。

在“领导氛围”中成长起来的很多领导者们还沉浸在过去的领导模式中，然而，这种模式在二十世纪九十年代开始失去效力。特别是今天，领导不是要强迫接受决定，而是推动讨论并赢得支持；不是要控制，而是要赋能、辅导、建议、鼓励和支持。要求别人做出转变总是很容易，但是用同样标准要求自己就会困难很多。

当然，这并不是说传统的个人领导技能不行，正相反，边界的放松并不需要新型的个人领导能力，不管是现在还是将来，身为领导者都需要拥有强硬的决策能力，需要理解财务问题，需要时刻准备通过收购、出售，通过不断重组和解散来重新配置组织。

从现在开始，通过有意识或无意识地面对这 3 个挑战，做出转变吧——从控制和指挥转向注重组织力量的释放，从减少不确定性转向增加不确定性，从注重个人领导力的修炼转向领导方式的改变，在企业的转型升级中，我们一定会创造持续演化的变革引擎。

03

领导力展望，激活个体

◎ 蒙哥马利将军表示：自己对领导力做如下定义——召集一群伙伴达成共同目标的能力和意志并激发他们自信。

◎ 盛田昭夫说：“诚然，我们录用了你们，作为一个管理者，或者作为第三者，我们不可能同时也将幸福给予你们，因为幸福应该由自己来创造！”

2015 年《美国管理学会学报》曾经刊载过一篇编辑寄语，几位作者共同探讨了组织的目的和意义，并提出了促成组织实现其目的和意义的六项关键价值观：尊重个体、团结协作、包容多样性、适度分权、互惠互信、可持续性。

排在前面的是尊重个体和团结协作，这意味着个体价值在凸显。

在极具挑战的时代，组织需要变得更强大、灵活，与此同时个体变得更强大、灵活，个体所拥有的知识、信息以及独立程度，使其可以更加明确地了解自身需求与价值。

更多组织成员成为知识型员工，他们对自我有着明确的认知，与过去不计较个人需求的想法不同，今天他们不再把生活和工作混为一谈，而是将工作和生活并列起来。

个体不仅代表自己本身，更代表组织本身，特别是在无边界组织中，所有成员都是独立的，他们拥有了比以往任何时候都更重要的独立性。

组织不仅需要承认并尊重成员的独立性，更加需要采取行动，充分激发个体的创造性，让个体和组织更好地融合。对领导者来说，打造一个边界更加容易穿透的企业，最好的方法不是坐在总部里重绘组织结构图，而是将来自不同群体的人团结起来，并让他们自由地去重新塑造自己的命运。

然而这个过程并不容易，需要领导者带领成员实现三个目标。

学会如何对话；

学习如何行动；

将对话与行动循环制度化。

对话就是组织沟通，包含消息、情报、资料、知识、经验、情感、观点、态度等，良好的组织沟通是协调组织与其成员之间、成员与成员之间及组织与组织之间的相互关系、完成组织目标的重要条件之一。但是，由于部门偏见、小团队利益、对信息认知度不同、管理者与员工的不平等，对话往往是做作的、困难的、虚伪的，受到猜忌和能力缺乏的限制。人们往往缺少共同的语言和社交聚会，或者缺乏彼此倾听的能力。

因此，身为领导者在实行无边界领导时要做的第一件事情就是让员工学会如何对话，有意地让大家参与到有效的、跨边界的动态对话中。比如，制订沟通计划、明确沟通目标、定期召开情况通报会等。其中员工大会是一个相对安全的交流场合，可以让大家在一个中立的推动者的帮助下展开学习过程，在一个受庇护的环境中培养共同语言，就像杰克·韦尔奇指出的那样：良好的沟通就是让每个人对事实都有相同的意见，其目的在于创造一致性。

当成员学会了如何对话，他们还需要达到第二个目标——学习如何行动，学习将对话的结果转化为行动。一个组织想要变得有效，仅靠对话本身是不够的，必须能够有效地跨界合作，完成跨界的任务，实施达成一致的变革，并采取很多其他的必要措施，比如管理期望，在尊重成员的基础上，根据互惠原则，给予成员组织支持，让成员得到自身发展所需要的资源，如加薪、培训、

荣誉以及信息交流等，如果成员能够感受到组织愿意并且能够对他们的工作付出进行回报，他们就会为组织的利益付出努力。

最后，也是最重要的一点——将对话与行动循环制度化为“对话—行动—对话”，让这种方式成为组织运行的重要方式，以强化和鼓励跨界合作。

当作为领导者的你，把不同身份的人团结起来并鼓励他们开启对话、共同行动时，跨界就会变得更加容易。

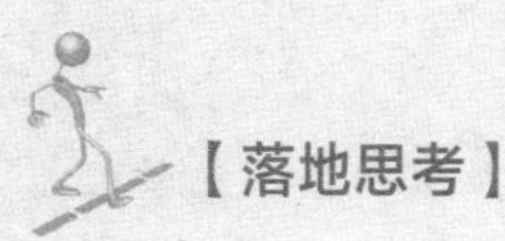

【落地思考】

你是一个无边界领导者吗

在这个世界，不管一个体系多么无边界，它也不可能永远代替善于创新的领导者。

而由传统领导方式转变为无边界领导，单凭技术不行，只有战略也不行，这就需要你首先跨越存于你思想、认知和能力当中的障碍。

那么，如何认知我们自身的这些内在障碍？

我们可以通过对5个“领导力”的审视来认知内在障碍。

（1）前瞻力。

你在创业初期是否具备判断力、敏感性与超越的欲望？

你是否具备对无边界经济前景的前瞻力与对机会的敏感性？

（2）赋能力。

你是否尊重员工的点子，并在充分信任的基础上授权员工去实践？

你所引领的企业或部门，是否是开放式的成长型平台？你能否让员工在其中实现自身价值？

（3）共识力。

是否能将企业的长期愿景转化为员工的共同愿景？

是否将自己对企业的愿景传递给员工，激励他们进而提高协作效率？

（4）创造力。

你是否正在将建立在“数字绩效”基础上的“单中心”领导风格变革为“双中心”领导风格？

你是否敢于充分授信授权，鼓励、支持团队和个人创新？

（5）保障力。

你是否能够有效兑现对员工的承诺？

你的业务导向与企业定位是否始终围绕着“让世界更紧密相连”？

免责声明

凡书中涉及的案例以及投资的标的物，只作为我们研究并发现问题的依据，如果据此投资而造成损失，风险自负。

在阅读本书后，欢迎您提出宝贵意见，我们将悉心聆听。同时，对无边界经济，您若有任何感想，也请您写出来，发给我们，我们将择优发表，并给予相应的礼物。

E-mail：hefeng2005@126.com

菜鸟国际资本公众号